CAMARÓN
BIOGRAFÍA DE UN MITO

Luis Fernández Zaurín
y José Candado

CAMARÓN
BIOGRAFÍA DE UN MITO

RBA

Autores: Luis Fernández Zaurín y José Candado
Composición: Víctor Igual, S.L.

Pérez Galdós, 36 – 08012 Barcelona
www.rbalibros.com/rba-libros@rba.es

Primera edición: mayo 2002

REF. NFI-33 ISBN: 84-7901-861-5
DEPÓSITO LEGAL: B. 19.389-2002
Impreso por Novagràfik (Barcelona)

La rama del olivo
tres brotes tiene:
uno de tierra,
uno de sangre
y otro de nieve.
L. F. ZAURÍN

La vida, la vida, la vida es,
es un contratiempo,
la vida es...
POPULAR

ÍNDICE

La [illegible] de José [illegible]
entre [illegible] de la [illegible]
[illegible] un [illegible]
[illegible]
que cuando [illegible]
[illegible] como se [illegible]
[illegible]
[illegible]
[illegible] sus [illegible]
[illegible]
[illegible] de [illegible]
[illegible] de la Concepción [illegible]
[illegible]
[illegible]
[illegible]
[illegible]
[illegible]
[illegible]
[illegible]
[illegible]

La tumba de José Monge Cruz, conocido primero por el público como El Camarón de La Isla y más tarde como Camarón, está impecable. Su hermano Manuel, el mayor de la familia, va todos los días al cementerio y se ocupa de que las cosas estén en su sitio. Ayer estuvo quitando el polvo que el aire arroja sobre el panteón y lo extiende como si se tratara de una sábana invisible. Aunque la visita de Manuel no es la única que recibe todos los días el difunto cantaor, alojado en el camposanto municipal de la antigua Real Isla de León; sus hermanos también acuden con frecuencia. Y hoy, una calurosa jornada de mediados de julio algo más habitable esta tarde gracias a la brisa salina del mar, Dolores Montoya, *La Chispa*, viuda de Camarón, y sus hijos se han desplazado a La Isla desde La Línea de la Concepción con el mismo objetivo. Después de pasar con ellos unos días, hoy no los hemos visto porque mi compañero de viaje, José Candado, no ha advertido en su móvil la llamada perdida de Luis, el primer hijo varón del cantaor, que nos avisaba de su llegada a San Fernando para visitar el panteón de su padre y para saludar a su tío Manuel. Sin embargo esta tarde nadie se acercará ya al lugar porque las puertas de la necrópolis están a punto de cerrarse y los empleados parecen tener prisa. Las continuas visitas que recibe la sepultura de aquel niño gitano —rubio, inquieto y casi transparente como la piel de un camarón que, sin buscarlo y cuando parecía que nada ni nadie sería capaz de lograrlo hizo más grande la habitación del flamenco— seguirán mañana. Además de la familia y los amigos, curiosos, mitómanos, amantes del flamenco, turistas y todo tipo de personas se acercarán como todos los días —y más ahora en verano— en una peregrinación constante y respetuosa a veces hasta la veneración.

El mausoleo de este gitano universal es de mármol gris oscuro, casi negro, y está jaspeado de manchas de color tierra. Visto desde arriba sería fácil apreciar su forma de cruz. Desde el suelo, donde se ensanchan los maderos, hay un arco rematado por una cruz flanqueado por dos faroles iguales a los que delante completan un rectángulo. A los pies, a ambos lados de la construcción, hay unos jarros con claveles blancos, rojos y rosados; un poco más atrás, también a los lados, unas vasijas de cristal encierran unos gladiolos blancos; detrás, más flores. Alrededor de la mole de mármol que se levanta más de medio metro sobre el suelo hay un alto relieve con motivos marítimos que hacen referencia a la villa y a su origen marino y militar. Delante, bajo el arco y a unos dos metros de altura, en el centro, una estatua de bronce recuerda al cantaor. Sentado sobre una silla de anea, como con desgana, Camarón apoya sus manos en los muslos y tiene la mirada triste y perdida de las estatuas. En el cuello lleva un pañuelo y otro a medio doblar asoma por el bolsillo de su chaqueta.

El panteón es a la vez sobrio y elegante, algo que en principio me sorprendió. Conocer algunos de los lugares que el cantaor frecuentó y los innumerables objetos que acogen su efigie o su perfil hacían que temiera lo peor. Cada cultura tiene sus formas propias de manifestarse, y esta zona que acoge una mezcla de orígenes diversos donde la etnia gitana tiene una gran presencia ofrece un abanico de formas muy dispar. Algunas, para mi gusto, de una refinada, ancestral belleza; en cambio otras, también para mi gusto, espantosas. En las primeras destaca esa sencillez de un natural sobrio que se extiende a muchas formas artísticas y que, en algunos casos, se encarna en todo tipo de objetos: un plato de cocina, una reja o en cantes desgarradores como una siguiriya. En las segundas lo que abunda es lo barroco, ese abigarramiento de formas y colores, que a menudo da lugar a pésimas formas aproximadamente artísticas en todas las manifestaciones posibles: pinturas espantosas, pésimos poemas, horribles esculturas, fotografías mal cortadas y sucias por el tiempo. Y también —dedicados a perpetuar la memoria de Camarón, para muchas personas un mito tras los diez años de su muerte— esa interminable colección de objetos a que me refería antes: llaveros, abanicos, palilleros, réplicas de su imagen en metacrilato para colgar en el coche, joyas (auténticas o no) figuras de plástico o de madera, bustos de yeso de colores vivos y chillones, platos y tazas de cerámica o de otros materiales, etcétera.

Encontrarse a solas ante la tumba de un hombre, de cualquier hombre, puede ser sobrecogedor; sobre todo, como es mi caso, si se está ante la de alguien sobre el que uno quiere saber más y del que le gustaría saberlo todo. Y la sensación que tengo mientras escribo estas palabras es una rara mezcla de distancia y de admiración. No sólo por su indiscutible y celebrada calidad artística sino por lo que sé y voy sabiendo de su dimensión humana. También, porque en la distancia, su nombre y el mío van a cruzarse durante un tiempo. Y porque todas las vidas tienen un misterio ante el que no tengo más remedio que descubrirme. Sé que, por ser hombre, José Monge amó, disfrutó y padeció; y a veces, a pesar de su corta pero apretada existencia, con una intensidad que resulta difícil asumir que pueda caber en la frágil arboladura de una vida.

Son las 17:50 y el timbre que avisa del cierre ha sonado ya dos veces. Lo sé porque me lo ha dicho un empleado municipal. Yo no me había dado cuenta. Al pie del monumento funerario espero a mi compañero, que en cuanto ha entrado se ha ido y aún no ha aparecido. Al poco le veo venir a lo lejos: «Fui a ver el sepulcro del padre de José —Candado siempre se refiere al cantaor por su nombre de pila—, pero no la he visto». Yo le he dicho que ya tendrá tiempo y él me ha contestado que sí. Luego, apresurados por el encargado, nos dirigimos a la puerta que una mujer joven cierra detrás de nosotros. Mientras caminamos hacia el coche pienso —y me asusto— en el reto que me he impuesto intentando reflejar en un libro la trayectoria y la figura humana de Camarón. Un hombre tímido y de pocas palabras —casi hermético excepto con los suyos o con las poquísimas personas de su confianza con las que se sentía cómodo— cuya vida transcurrió en buena medida en este sencillo, soleado y abierto rincón de Andalucía. Un lugar cuya gente —algo que resulta paradójico— cuando se trata de hablar del cantaor, va del silencio más significativo a la más sospechosa de las elocuencias. Los primeros porque guardan en su corazón como oro en paño los recuerdos de alguien a quien aman, veneran y a quien les cuesta admitir ausente; hombres que, al oír el nombre de Camarón, callan como si les estuvieras robando algo íntimo y maravilloso. Los segundos porque arrebatados por la pasión y por el mito, se sienten protagonistas y quieren unir, aunque sea por un instante, su vida a la de su ídolo sin importarles demasiado la veracidad o no de lo que cuentan; porque hablan de alguien a quien no conocieron, del que a menudo sólo tienen referencias de segunda, tercera o cuarta mano, pero que indudablemente consideran suyo. Alguien que reunió genio, juventud y leyenda, algo más que suficiente para hacer de él un mito.

Mi acompañante, un hombre vehemente, listo, de constitución recia y mirada penetrante al que le gusta que le consideren un «cabal» del flamenco (según la *Guía del flamenco* de Luis López Ruiz un «aficionado auténtico que sabe calibrar la calidad de lo que ve o lo que escucha») admira especialmente a los artistas de Jerez; la ciudad que reúne el mayor número de familias de abolengo flamenco y gitano y a quienes tuvo la oportunidad de conocer y de tratar: cantaores de leyenda como Terremoto, Sordera, El Tío Borrico, Tía Anica la Piriñaca, entre otros. Pero sus preferencias son más amplias y también siente predilección por otros nombres como los de Fernanda y Bernarda de Utrera, etcétera. Aunque al hablar sobre el cantaor de La Isla a Candado le cuesta y no le cuesta hacerlo. Sobre el artista no le resulta difícil y fácilmente se explaya; cuando hay que hacerlo sobre la persona, la amistad que le unió a él y el papel que cada uno jugó en la vida del otro, la cosa cambia. Incluso conmigo es así, aunque esté con él en este intento de recuperar sus recuerdos personales y de echar algo de luz sobre la persona y la vida del cantaor y aclarar algunas cuestiones poco o quizá mal conocidas. Pero poco a poco, el tiempo y la confianza hace que las cosas fluyan. Porque Candado, cuando se refiere a sí mismo y a su relación con Camarón afirma que él fue «el Jonás de la ballena»; algo sobre lo que había hablado en más de una ocasión con el cantaor y que le hacía mucha gracia: «"Un día escribiré un libro sobre ti", le decía yo a veces. Y él solía advertirme: "Oye, esto no lo pongas en el libro ¿eh?"». Como ya he dicho, la vida de José Candado, por circunstancias que iremos viendo, con el paso del tiempo quedó unida de forma muy especial a la de Camarón, viéndose así envuelto en la vorágine en que se convirtió su existencia. Así se fraguó una amistad que sólo la muerte del de La Isla logró truncar; una relación cuestionada por quienes —ajenos al entorno afectivo del cantaor—, espoleados por la desconfianza y la envidia, nunca entendieron qué podía unir a estos dos hombres. Una amistad que sólo le benefició como ser humano; aunque para él —y lo dice mirándote a los ojos— fue más que suficiente. Sus declaraciones a la prensa tras la muerte de Camarón definen muy bien esa relación, algo que las circunstancias y la familia y el entorno del cantaor, que le respeta y le quiere, han confirmado. Unas palabras que al desaparecer el artista, cuando se desató una polémica sobre los derechos de sus canciones de la que algunas personas le culparon, son ilustrativas; y más cuando se conoce a este hombre desconfiado y pasional pero de una pieza: «Ya sé que acabaré por figurar como el villano de esta historia... Sé que muchos me envidian hasta odiarme, pero hay algo que nadie puede quitarme, aunque pretendan enterrarme en la basura. Yo fui el amigo de José. Tuve su confianza y su cariño», declaraba tres meses después del fallecimiento de su amigo. Eso, igual que le bastó en su día, diez años después le sigue pareciendo suficiente.

La estrecha amistad de este hombre nacido en Montijo (Extremadura) el 22 de septiembre de 1940, que siempre ha vivido en Santa Coloma de Gramanet y entre cuyas ocupaciones figura la de ATS y la de concejal de su ciudad, fue en principio circunstancial. Algo que vino de la mano de su pasión por el flamenco, género que conoce al dedillo porque en él se da una circunstancia muy poco común. Candado, que considera el cante un género vivencial, que no se puede entender en su complejidad si no se vive, si no se está ahí contando con la amistad y la confianza de sus protagonistas y de su entorno, ha tenido ese privilegio. En esa apuesta por una forma de vida pudo influir la afición de su padre, guardia de asalto durante la república que en Badajoz había tenido trato y amistad con José Salazar Molina —*Porrina de Badajoz*— al que siguió viendo en Barcelona de vez en cuando porque marchó a vivir a la capital catalana acabada la guerra. Ello propició su relación con el flamenco, un género donde en los años cincuenta prevalecía la opereta flamenca, donde el fandango reinaba por encima de todas las cosas y donde el efectismo ridiculizaba su verdadero espíritu privándolo de sentido. El hecho de que en Barcelona hubiera entonces varios estudios de grabación y de que el cante viviera en esta ciudad un momento dulce, hizo que lo más auténtico de esta manifestación artística conviviera con la ópera flamenca tan en boga entonces.

Candado atribuye su primera llamada por el mundo del cante a su relación con los artistas que paraban por su casa: «Venían con cierta frecuencia. Mis padres mataban una gallina o un conejo y comíamos todos junto a una jarra de vino y unas aceitunas; luego ellos se echaban unos cantes: fandangos, bulerías, alguna copla aflamencada. Yo solía quedarme con los artistas de menos prestigio que también venían en las compañías y que a menudo eran los cantaores de verdad: Juanito Varea, Gabriel Moreno, El Sevillano Gordito de Triana, etcétera». Una llamada a la que seguiría prestando atención y que luego le facilitó entrar en casa de los Toleo, una familia gitana de Córdoba —la del tío Miguel— que se vino a vivir a las antiguas barracas de Somorrostro de Barcelona y que luego se desplazó a los pisos de protección oficial de Baró de Viver. Con uno de sus hijos, Churumbel de Córdoba, un joven que cantaba bien aunque bailaba mejor y que trabajó mucho tiempo en la compañía de Marifé de Triana y Juanito Valderrama, Candado hizo una gran amistad. Ello le abrió las puertas de un mundo vetado para los no iniciados y también para la mayoría de iniciados y le ayudó a ganarse el respeto y el cariño de gitanos y payos. Este joven aficionado entendió desde la adolescencia que el cante, donde había hecho sus pinitos aunque «por pudor» lo dejó, «no era para interpretarlo sino para vivirlo», por lo que adoptó un estilo de vida no demasiado habitual ni para la época ni para su entorno. Ir a buscar a Churumbel, tomar café e irse a Barcelona a la fiesta en el Sanlúcar, en el Patio Andaluz, en el Villa Rosa, en La Macarena, en El Camarote o en otros locales de la zona de las Ramblas era lo normal para ellos. «Lo habitual era llegar, pedir media botella y una tapa. Churumbel se ponía a cantar en la mesa y mirábamos a ver quién quería juerga. A la media hora nos traían otra botella: "Aquellos señores os invitan", decía el camarero. Al rato, cuando nos habíamos bebido la otra nos decían: "Sentaos aquí". Después salía el tema: "¿Queréis un poco de fiesta?". Y sin poner precio —ellos ya lo sabían— nos íbamos a buscar a un guitarrista; luego Churumbel cantaba y los señoritos le metían un dinero en el bolsillo. Él se quedaba algo, le daba el resto a su madre y yo recuperaba para el día siguiente los veinte duros que había invertido en la primera botella». Así, durante aquella época —mediada la década de los cincuenta— Candado pudo seguir viviendo el flamenco desde Barcelona, seguir a través de los cantaores que venían a la ciudad los festivales donde actuaban e incluso bajar a Andalucía, lo que luego le permitió conocer a algunos de los artistas más importantes del momento si hablamos del cante auténtico: Fernanda y Bernarda de Utrera, Terremoto, Sordera, El Tío Borrico, Tía Anica la Piriñaca, etcétera; cantaores a los que, como ya dije antes, él siempre ha permanecido fiel. Viajes durante los que conoció a José Vargas Vargas, *El Mono de Jerez*, cantaor y bailaor con el que hizo una gran amistad que dura hasta hoy y que le presentó a Camarón cuando aquel era apenas un adolescente. De este modo, su afición, sus conocimientos sobre el género, su información y sus amistades, le colocaron en una situación de privilegio para vivir una vida flamenca en Barcelona. Y si hago referencia a sus amistades es porque tener abiertas las puertas de las casas de los gitanos, que le veían con una sensibilidad especial hacia su forma de interpretar y de entender el flamenco y que le daban su confianza, era algo vetado para la mayoría. «Como ya conocían mi afición me decían: "Mira, mira cómo canta ese niño"». Luego, ya con veinte años y hasta la treintena, Candado solía bajar un par de meses al año a Jerez, donde había hecho amigos y donde se movía como pez en el agua. «Cuando me casé sólo iba a los festivales muy recomendados. Aunque en las casas de las familias gitanas y cantaoras que frecuentaba, el flamenco se vivía como algo tan habitual como caminar.»

I

TIERRA

José Monge Cruz, que primero fue conocido por su familia como *Pijote Chico*, nació un 5 de diciembre de 1950 bajo el signo de Capricornio en La Isla de León (Cádiz), ahora conocida como San Fernando. Entonces nada hacía pensar que su ciudad natal, «en agradecimiento y preservando el honor del mito del flamenco mundial» (como reza el folleto promocional de la iniciativa) acabaría diseñando una ruta que permitiera a los visitantes admirar el lugar donde el futuro renovador del cante nació, vivió su infancia y dio sus primeros pasos en el mundo del flamenco.

Aunque así es: quien se desplace a San Fernando podrá peregrinar por esos lugares que, de forma simbólica, contienen la memoria, el espacio donde tuvo lugar su niñez en la medida en que eso se puede contener en sitio alguno. Sobre todo si se tiene en cuenta que Camarón, que hizo de su libertad individual su bandera desde niño, fue un hombre aparentemente desapegado de todo pero unido a su lugar de nacimiento, más que como entidad real, como conjunto de espacios donde transcurrió su infancia y donde tuvieron lugar algunas de las vivencias que le marcaron para siempre; alguien encerrado en una coraza que aparentemente lo blindaba de todo pero dueño de una fuerte personalidad que aunaba timidez, seriedad y orgullo a partes iguales; algo que quizá debiera en buena parte a su padre —de carácter semejante— y que también se refleja en sus hermanos Manuel y Jesús.

Esa ruta diseñada por el ayuntamiento de San Fernando consigna con frías placas de cerámica los lugares donde nació, creció, cantó, se le recuerda y, por fin, descansa en paz. Como veremos a lo largo de estas páginas, la vida de Camarón fue, sobre todas las cosas, la búsqueda de una serenidad que le aislara de un mundo progresiva y cruelmente ajeno que le sobrepasaba y al que su extraordinario talento y las circunstancias de la vida le abocaron: el de ser un profesional del cante y todo lo que ello lleva consigo. «¿Eres consciente de ser un mito viviente?» le preguntaron en una entrevista cuando, en la cima de su carrera, había quien le llevaba a sus hijos para que les impusiera las manos como si fuera un santón. Su respuesta fue: «Soy consciente de ser cantaor y, además, un cantaor gitano... Por lo demás, no pretendo ser ningún divo, me conformo con ser un buen hombre, un buen marido, un buen padre de familia.» Ésas eran sus únicas aspiraciones, el resto es algo que pagó muy caro con una muerte que le llegó demasiado pronto si nos atenemos a que Camarón murió el 2 de julio de 1992 a la edad de cuarenta y un años. Y no porque ello impidiera que su extraordinario talento diera fruto y explotara convirtiéndose en lo que, diez años después de su muerte, sigue siendo: un regalo para los sentidos, una continua interrogación; algo que, como corresponde a una de las funciones del arte en cualquiera de sus manifestaciones, nos engrandece, nos eleva y nos hace, en definitiva, mejores. En ese sentido puede afirmarse que el cantaor fue un triunfador; aunque los beneficiarios absolutos de su talento hayamos sido los demás, los que en su día disfrutaron y los que, ahora mismo, seguimos disfrutando de su arte. Aunque si hablamos del hombre, quizá estemos en el caso contrario; a Camarón la vida, que vivió a todo o nada, acabó atropellándolo y llevándolo demasiado pronto a la tumba.

El diseño de este itinerario que ha organizado el ayuntamiento de su ciudad natal, por encima del acierto de sus responsables al elegir o destacar la importancia de los lugares escogidos —La Venta de Vargas no aparece destacada en la portada del folleto promocional y sí la peña Camarón de La Isla, algo que no se entiende si nos atenemos a la importancia de aquel lugar en la vida del artista— orienta al viajero. Así es posible visitar el barrio de las Callejuelas y acercarse al número 29 de la calle del Carmen, donde nació y donde, años antes, en 1926, en simpática y curiosa coincidencia, nació el gran cantaor aún vivo y amigo de la familia José Llerena Ramos, más conocido como El Chato de La Isla, un artista de amplio repertorio que ha seguido la línea de Manolo Caracol; la fragua de su padre situada en la calle que lleva el estremecedor nombre de la Amargura número 21; la Iglesia del Carmen donde lo bautizaron; la Venta de Vargas, donde se inició cantando para el público de forma no profesional y a salto de mata (casi siempre para grupos de señoritos de juerga con ganas de escuchar a ese niño rubio que quitaba el sentido cantando); el monumento que la ciudad le rinde «a un hijo predilecto», situado en la plaza frente a la citada venta; el cementerio municipal que alberga el mausoleo que cada año congrega, a cientos, quizá a miles de admiradores; la peña Camarón de La Isla, inaugurada tres años después de su muerte y que se ha convertido en una especie de catedral de culto al cantaor que alberga fotos, pinturas y otros recuerdos.

El barrio de Las Callejuelas está habitado principalmente por familias y descendientes de antiguos mariscadores, barqueros y salineros. Sus calles desembocan en «las piezas», nombre que los «cañaíllas» (mote por el que son conocidos los habitantes de San Fernando), dan a las marismas que bajan por Las Callejuelas y que, a lo lejos, conectan con Chiclana de la Frontera. El barrio es todavía hoy un lugar muy humilde caracterizado por casas blancas, calles ordenadas y viviendas sencillas con paredes blancas por donde entra la luz mucho más allá de lo imaginable desde fuera.

El lugar, según Manuel Monge (el mayor de una saga de ocho hermanos de los cuales han fallecido tres), gitano fragüero y buen cantaor que ha ganado dinero como profesional del cante del que Camarón le retiró en un homenaje celebrado en el Teatro Andalucía de Cádiz el 20 de diciembre de 1991, ha cambiado poco: «Sin contar la gente que ya no está, las personas que viven aquí son las mismas y todo se conserva casi igual. Si quitaran los coches podría decirse que no ha cambiado nada», dice. Con él visitamos la fragua donde trabajó su padre y donde él mismo vivió y practicó el oficio muchos años. Manuel ejerció sobre sus hermanos una autoridad procedente de su primogenitura y de su talante templado y juicioso, lo que le ha valido siempre el respeto de la familia.

El número 21 de la calle de La Amargura está dibujado en una placa de cerámica situada a un lado de la puerta y está presidida por un relieve con el rostro de Camarón. Franqueada la entrada se accede a la forja donde aún se puede apreciar para todo el que quiera verlos el yunque, el fuelle y las herramientas que, ordenadas con esmero, aún cuelgan de las paredes encaladas. A pesar de lo que se ha dicho, lo cierto es que, de niño, el Pijote Chico allí paró bastante poco. Él mismo había declarado en una entrevista que «a los doce años ya le daba al macho —el martillo de la fragua— de doce kilos»; pero Manuel puntualiza esas palabras: «José ni hacía recados ni repartía alcayatas como se ha dicho por ahí. Entraba para hacerse banderillas para los toros porque él de pequeño lo que quería era ser torero. Luego —continúa— cuando me casé y me vine a esta casa, él venía mucho por aquí o a pasar la noche». La habitación donde dormían todos —a veces hasta siete personas— a la que Manuel iba en ocasiones a llamar a su hermano para que fuera a cantar a la Venta de Vargas porque alguien quería oírlo —«Si venía él nos ganábamos mejor la vida»— es una estancia pequeña de unos diez metros cuadrados llena de fotos, cuadros y recuerdos del cantaor. Durante el día siempre había una cama y por la noche colocaban un catre para que cupieran todos; cuando venían de cantar, tenían que subir por encima de los demás para poder echarse a descansar. Otras veces el niño se echaba a dormir y Manuel —si iba a llamarlo porque los señoritos llegaban tarde— tenía que trepar por encima del resto de la familia para llegar hasta él. «Yo le decía: "José, que están los señoritos". Él medio dormido contestaba: "Que no, que no voy". "Oye, José —volvía yo—, que no vamos a ganar dinero entonces." Y al final venía.» Entre el cuarto y la forja hay un patio encalado atravesado en un extremo por un canalón donde de niño Camarón guardaba el dinero para que Manuel no se lo confiscara: «Cuando tenía diez o doce años a veces se lo quitaba porque era demasiado para su edad; era lo que le daban por cantar ocasionalmente en la Venta o donde fuera. Por eso él lo guardaba aquí, en el interior de este canalón, para que yo no se lo cogiera», recuerda Manuel señalando una esquina del patio.

La casa natal de Camarón, donde ahora vive su hermano Jesús —conocido como *Pijote de La Isla*—, y el patio interior con los espacios compartidos por el resto de los habitantes de las viviendas colindantes, muestra el mismo aspecto que las fotografías de la época, por lo que parece que el tiempo no haya tendido su red sobre ella. Al lugar se accede por dos puertas desde la calle del Carmen. Una da a la habitación más espaciosa de la casa que alberga una cama de matrimonio; la otra al patio interior cuya primera puerta según se entra después de atravesar un corto pasillo, franquea el acceso. El lugar es de una austeridad monacal donde los muebles y enseres son los justos. «En ese sofá se sentaba mi hermano», dice Jesús, que se acaba de levantar de la siesta. Antes de entrar Candado ha dado una voz y, desvelados por el sol, enseguida hemos visto el rostro soñoliento de Jesús, que guarda un notable parecido con Camarón y cuyo carácter apasionado le ha traído unos sinsabores que pueden leerse en las arrugas de su cara. A pesar de que se conserva sorprendentemente bien para sus cincuenta y tantos años, las seis quemaduras como seis soles que tiene en el dorso del brazo derecho dan noticia de esa forma de ser: «Me las hice una noche en Los Canasteros, el tablao que Manolo Caracol regentaba en Madrid. Allí había más de treinta artistas, incluido el propio Caracol, que se partió la camisa y mi hermano José, que estuvo cantando de fiesta. Cogí el cigarro y me lo apagué seis veces en el brazo de la emoción».

Al reconocer a Candado, Jesús le invita a pasar mientras poco a poco se va quitando de encima la modorra. Son las siete de la tarde, a esa hora el sol aún aprieta y el calor todavía no se ha retirado de las calles. Acomodados ya en la casa, enseguida se da uno cuenta de lo elemental de sus enseres —sofá, televisor, tumbona y aparato de música— y se aprecia que dentro, gracias al espesor de los muros encalados, se está más fresco que en la calle. Aunque hoy, de vez en cuando, leves ráfagas de Levante orean el ambiente; un viento que por su sequedad, es un factor esencial en el funcionamiento de la industria salinera.

La mirada de Jesús es honda, aguda y limpia. Habla poco, con un ritmo pausado, meditando bien sus palabras, como si las hubiera pensado y repetido muchas veces para dentro. «Aquí dormíamos diez o doce personas entonces», asegura. Al poco, después de que él y Candado conversen sobre las cosas que tienen que decirse dos personas que se aprecian, tienen de qué hablar y hace tiempo que no se ven, Pijote regresa al recuerdo. «Ahora, después de tantos años de la muerte de mi hermano, estoy más centrado; de voz estoy bien, cada día mejor. Además me cuido bastante.» Eso lo dice después de media vida de excesos, pero lo cierto es que su aspecto es bueno. Incluso, como decía antes, muy bueno para su edad. El color de su piel es de un moreno claro, casi bronceado; sus músculos están aún bien definidos y permiten apreciar una complexión atlética y fibrosa. «Si José levantara la cabeza y viera a sus hijos, la volvería a enterrar. Cuando los dejó eran así de chicos y ahora míralos. ¡Ya sería abuelo!», dice volviendo a mirar al suelo. Desde la muerte de Camarón sus proyectos de trabajo están en dique seco. «He cambiado mucho, mucho. Ahora apenas salgo a actuar y cuando lo hago estoy deseando volver a casa.» Su mujer, interrogada por su mirada, confirma sus palabras asintiendo con la cabeza.

Hacia 1950, San Fernando y al barrio de Las Callejuelas eran, como señaló Manuel, muy parecidos a lo que son hoy. Aunque, quizá entonces aún más, el lugar era una isla dentro de una ciudad con un nivel de vida medio, habitada por un núcleo social de marinos de diverso grado, con sus viviendas separadas según su escalafón, y por trabajadores de la industria marítima y de los arsenales. La Armada, con dos siglos de antigüedad en la ciudad, era ya uno de sus motores económicos principales, algo que ha influido en el carácter de esta localidad litoral. También la industria siderometalúrgica y la de la construcción naval han tenido siempre un papel primordial en la economía de La Isla. Una de las señas de identidad de esta barriada sencilla era que la mayoría de sus habitantes, además de la industria, también se dedicaba a la pesca y al marisqueo; actividades orientadas hacia el pescado del estero (lisas, lenguados, robalos y zapatillas) y hacia productos autóctonos sabrosos y peculiares como las cañaíllas, las bocas y los ostiones. Pero Las Callejuelas no sólo era una isla dentro de San Fernando por su ubicación, sino también por su peculiar ordenación urbanística de calles rectas y ordenadas con casas bajas donde abundan los patios interiores de vecinos llenos de plantas y flores. Viviendas con una o dos piezas (a veces hasta tres) además de una sala principal donde sus habitantes, aún hoy en muchos casos, comparten espacios comunes como el lavabo o la cocina y cuya vida no deja mucho sitio a la intimidad.

Ese fue el ambiente donde tuvo lugar la infancia del artista, una etapa veloz como la de casi todos los niños del barrio y la mayoría de los de la época; cuando los hijos de las clases humildes, iban a la escuela, a menudo lo hacían casi de puntillas porque debían abocarse a la madurez y a la vida laboral demasiado deprisa para poder asimilar los cambios que ello suponía. No siempre por estricta necesidad —no fue el caso de la familia Monge, algo que aclararemos más adelante— sino porque las cosas al parecer funcionaban así. Quizá aquellos pequeños no podían ver en los libros y en el estudio la herramienta que los haría mejorar en la vida. De una u otra forma veían en el trabajo, el cante, el baile o el toreo una forma de labrarse un camino.

Eso es lo que sucedió con José Monge Cruz —hijo de Juan Luis Monge, gitano nacido en Conil de la Frontera en 1911 y fallecido en 1966—, y de Juana Cruz Castro (nacida en San Fernando en 1913 y fallecida en 1986), mujer de familia canastera —cuya tradición es hacer canastos de mimbre— y excelente cantaora al decir de todos los que la oyeron. Un matrimonio que tuvo ocho hijos —Manuel, Juan, Juan Luis, Remedios, Francisco, Jesús, José e Isabel— que la madre, tras la muerte de su marido, logró sacar adelante y cuyo entorno era idóneo para cualquier niño aficionado al flamenco, algo que Camarón recordaba a menudo: «En mi casa todos han cantado y bailado, aunque no fueran artistas. Mi padre, mi madre, mis hermanos... Mi padre era herrero, pero cantaba muy bien por siguiriyas, por soleá... Macandé, Caracol, Vallejo venían a oírle. Cuando llegaba una compañía de flamencos a mi pueblo paraban en casa. Yo me despertaba y a lo mejor estaban allí cantando, y yo lo escuchaba todo y me iba quedando con cosas».

Su padre, que alternaba su trabajo en la Compañía de Tranvías de San Fernando con su labor en la fragua, padecía asma y —recuerda Manuel— cantaba bien por soleares, siguiriyas, tientos y bulerías: «Como su madre, mi abuela La Chata, que también lo cantaba bien todo». Aunque, al parecer, lo de Juana era distinto, hasta el punto de que por aquella época artistas como Manolo Caracol, Pastora Pavón —*La Niña de los Peines*—, Arturo Pavón, La Perla de Cádiz, El Pinto y otros grandes del cante paraban en la antigua fragua del patriarca de la familia —con un patio más espacioso donde asaban caballas y bebían vino— para escucharla cantar; sobre todo bulerías, tangos y fandangos. Una cantaora de quien Salvador Aleu Zuazo, en el libro *Flamencos de La Isla en el recuerdo* escribe: «Su flamenco, un modelo fiel de lo auténtico, no se asemejaba al de nadie. La hondura, por la sangre y el metal de la voz, pura transferencia de generaciones ascendientes. La siguiriya del Viejo, la soleá de Cádiz o las bulerías de Rosa La Papera son ejemplos que, en la interpretación de Juana, se convertían en cantes de nueva creación. Esta facultad singular, este poder innato fue parte de la herencia artística que transmitiría a su hijo Camarón». Mujer sencilla y con mucha personalidad, cuando quedó viuda no dudó en trabajar limpiando en algunos bares para sacar a sus hijos adelante y ayudarlos de mayores, algo que algunas personas le recriminarían injustamente a Camarón y que Manuel aclara visiblemente molesto: «José le ha dado billetes a paladas a mi madre; la quitó de trabajar en el bar Avenida y en el 45 donde limpiaba».

Lo que sucede con el cantaor y con su familia es que la imagen que por una u otra razón se ha dado de ellos es de una pobreza casi absoluta cercana a la miseria que, aunque no sea cierta, para algunos concede al mito una aureola de grandeza que resulta perfectamente prescindible. Como dice Manuel, Manolo *(Lolo)* Picardo, amigo de la infancia del artista y hoy de la familia, El Chato de La Isla, que cantó durante veinte años en la Venta de Vargas y que es uno de los pocos profesionales que en la actualidad percibe una pensión del gobierno por su trabajo, y todos los que de verdad conocieron a la familia, en casa de los Monge no faltó nunca un plato de comida. Algo fácil de entender si recordamos que su padre a pesar de su salud alternaba dos trabajos, que su madre no paraba —si era necesario hacía churros en la feria— y que Manuel, el propio Camarón y otros, ayudaron cuando hizo falta.

Sobre este particular, el Chato, con quien Candado, Antonio

Humanes —a quien presentaremos más adelante—, Jesús Ojeda (un taxista madrileño con el que el difunto Camarón corrió algunas aventuras por Madrid y que lleva un tatuaje a escala 1/1 del rostro del cantaor en la espalda), y un servidor, hablamos en un restaurante en la capital: «Ni José ni los suyos han pasado hambre nunca —insiste El Chato entre enfadado e indignado—. En la peor época, al morir su padre, la madre tenía dos bares para limpiar —continúa—. Claro que de niño pasaba por la Venta de Vargas a cantar porque a veces lo mandaban llamar los señoritos o porque su hermano o a veces Alonso Núñez Núñez, *Rancapino* —cantaor nacido en Chiclana de la Frontera en 1945 de voz muy personal y gran amigo suyo— iban a llamarlo, pero buscarse la vida con el cante y eso, nunca.»

Sobre el dinero que Pijote Chico daba a su madre, él mismo aseguró en vida que ella en ocasiones se lo daba a sus hermanos, quizá más necesitados. Cuando Camarón estaba en Madrid trabajando con el padre de Paco de Lucía, Antonio Sánchez Pecino, envió 400.000 pesetas a Manuel para comprar un piso en la calle Gómez Pablos de San Fernando para su madre. «José tendría dieciocho años. Aún recuerdo que fuimos a Algeciras a comprar los muebles, que costaron 175.000 pesetas de entonces —recuerda el primogénito—. Y a mí —continúa— sin pedirle un duro nunca, me ha quitado todas las fatigas. Me miraba y era suficiente. Yo no quería pedirle nada, pero él me conocía y me decía: "¿Qué pasa? Manuel, ¿tú no tienes confianza conmigo? Cuando necesites algo me lo pides".»

Para El Chato, que debe su apodo al borroncito de nariz que tiene entre los ojos y la boca porque perdió el hueso nasal debido a una infección tras un accidente que sufrió de niño (él dice que nació con la nariz reglamentaria) «buscarse la vida con el cante» es tener que cantar por la necesidad de ganar dinero para lo imprescindible, algo que él mismo tuvo que hacer desde muy joven pero que niega que hiciera el difunto Camarón. Al parecer, en San Fernando, en el barrio de Las Callejuelas y algunos años más tarde, cuando el de La Isla ya era un artista reconocido, algunos le decían: «Con el hambre que yo te he quitado de pequeño». Algo que al cantaor, que era muy orgulloso, le daba mucha rabia y coraje, como le comentó muchas veces a El Chato.

¿Cómo fue la infancia de Camarón? Al parecer como la de cualquier niño del barrio, con la excepción de que desde muy pequeño (Manuel lo recuerda ya cantando con cuatro o cinco años) evidenció que tenía una cajita de música en la garganta y que era particularmente inquieto. Como he comentado primero fue conocido por su cabello rubio y su piel blanca como Pijote Chico, por lo que su tío Joseíco —«Mi padrino, mi padre, mi abuelo: era todo para mí»— acabaría bautizándolo como Camarón, en referencia al marisco de piel fina y casi transparente como la de una cebolla hervida. El chiquillo, como el resto de muchachos poco y mal escolarizados y aficionados a las rabonas (que es como llaman por allí a faltar a la escuela), entretenía su abundante tiempo disponible en jugar y andar por ahí al aire libre, algo favorecido por el clima benigno del lugar, la ausencia de peligro en unas calles vacías de coches y un entorno de esteros, caños y huertos que ofrecía multitud de posibilidades de ocio donde la libertad era el denominador común. Aparte de ir a marisquear a las piezas, robar higos en las huertas o bañarse bajo los puentes de la Vaera o de Zuazo, los hijos de los mariscadores y de pescadores de bajura de Las Callejuelas pasaban muchas horas jugando en la calle o en los patios vecinales. Ello conformaba un entorno familiar, social y geográfico que influyó en buena medida en el carácter independiente y en el espíritu radicalmente libre del cantaor, que siempre huyó de afiliarse a nada ni a nadie que lo retuviera demasiado tiempo, menos aún contra su voluntad.

Quienes le conocieron y le trataron de niño, sobre todo Manuel, que tuvo más relación con él, recuerdan a un niño guapísimo —algo fácil de comprobar si uno mira las fotografías de la época— con el cabello bien peinado y al que le gustaba llevar chaquetilla, prenda poco usual entonces, que le distinguía del resto. Aunque casi todos, él incluido, fueran con remiendos en la ropa. Pero sobre todo recuerdan a un niño «especial» (¿eso que llaman carisma?) y coqueto; dos rasgos que le acompañarían toda la vida hasta el punto de que, muchos años después, cuando el Pijote Chico ya era Camarón, los fundió en uno solo creando una imagen profundamente personal e imitada hasta la saciedad. No sólo por la juventud gitana, que emulaba las ropas, los anillos, las cadenas, los adornos, el cabello, etcétera, de su idolatrado cantaor, sino por grupos sociales más amplios. Ese ser «especial» era, al parecer, algo que iba más allá de sus cualidades como artista y como persona, de su carácter, de su preocupación por su imagen, etcétera, ¿o era una suma de todo ello? Lo cierto es que, embutido en un abrigo por las frías y desconocidas calles de Londres durante la grabación de *Soy gitano*, en 1989, o con gabardina, gafas de sol y abundante barba en el Rastro de Madrid de los años setenta, quienes le conocieron y le trataron insisten en que Camarón llamaba la atención por algo que excedía de todo aquello que se pueda tocar o explicar. ¿Será algo con lo que los mitos han de vivir? La pregunta no tiene una respuesta fácil. Entre las percepciones que tuvieron del cantaor algunos periodistas —poco dados a dejarse deslumbrar— vale la pena reseñar la de Maite Contreras, autora de un espléndido reportaje publicado en *El País,* cuyo texto se aleja del carácter hagiográfico habitual cuando se escribe sobre el cantaor: «Por un instante creía haber visto al mismísimo Jesucristo. Espectral, enjuto, negro, pequeño, pelo largo, gorra, barba y gafas. (...) Rezuma elegancia y finura al andar, tiene tal clase que aunque quisiera pasar inadvertido no podría. Irradia algo mágico, roza la esfera de lo oculto, da vergüenza y gusto mirarlo sin que se dé cuenta».

Sobre los rasgos principales de su personalidad cabe deducir que el Pijote Chico fue un niño intuitivo, noble, dócil, tímido, sensible, frágil, ensimismado, nervioso, inquieto, escurridizo y muy vivo. Cualidades que al parecer conservó a lo largo de su vida. Aunque con el paso del tiempo, sus circunstancias personales —cambiantes durante toda su existencia— su encumbramiento artístico y otros avatares irían acabando de completar una forma de ser tan simple como compleja. De niño, algunas de las más importantes como su timidez, la extrema sencillez, la intuición y el ser «de buena pasta» ya eran reconocibles por sus familiares y amigos más allegados. «José era muy noble. Por eso, cuando dicen que iba con Rancapino en el tranvía cantando y pasando el platillo, eso ni es cierto ni se lo puede creer nadie que le conociera. Una cuestión es que el niño cantara pues mira, porque le gustaba o para ver si caía algo, pero hacerlo de forma organizada, pasando la gorra y todo eso es algo que no me creo. Siendo muy vivo era muy corto, muy vergonzoso para eso», dice Manuel con rotundidad.

Ese carácter dócil aunque no maleable es otro de los rasgos que corrobora su hermano mayor, El Chato de La Isla, el guitarrista Paco Cepero —que le dio un papirotazo en la oreja cuando lo vio fumando a los ocho años en la Venta de Vargas—, los hermanos Picardo y otros muchos. A la hora de comer no había ningún problema con él, recuerda Manuel y su mujer, Luisa, que guisaba los potajes que a él tanto le gustaban: «En cuando destapaba la olla decía: "Esto lo ha hecho mi cuñada"». Años después, el cantaor llevaría muchas veces a comer a casa de Luisa a sus amigos, muchos de ellos artistas, entre los que se encontraban Paco de Lucía, Paco Cepero, Enrique Morente, El Rubio de la Línea y otros. «Los potajitos eran su comida favorita», confirma la artífice de ese plato sencillo y contundente; las habichuelas con arroz, los bocadillos de atún y de caballa eran también de su gusto. Al parecer, Camarón —que comía como un pajarito— huía de la cocina más elaborada o refinada para inclinarse por esos platos más sencillos a los que él tenía acostumbrado el paladar y a los que nunca quiso renunciar.

Ser inquieto y especialmente escurridizo eran, como dije, otros de sus rasgos peculiares. Andar siempre perdido por ahí es algo que recuerda su familia y allegados. ¿En qué empleaba aquel chiquillo sus muchas horas libres? En bañarse bajo el puente de Zuazo, en la desembocadura del río San Pedro, junto a la caseta del Macka, un lugar donde asaban caballas a la brasa con carbón que por entonces llevaba Curro *La Gamba*, el marido de La Perla de Cádiz —gran cantaora y familia del padre de Camarón—. En vagabundear perdido con Rancapino o pasarse por la Venta de Vargas, donde junto a Lolo y Joselito Picardo pasaba muchos ratos. «Allí hacíamos fritos gaditanos y él, a veces, cuando venía de bañarse del puente Zuazo decía: "A ver si hay algo en el horno". Y cogíamos dos o tres pescados y pan y nos metíamos en un cuartito que había detrás de la barra —le llamábamos el estanco porque antes allí se guardaba el tabaco y esas cosas— y nos lo comíamos»; en pasar el rato en las paradas de los taxis, donde al parecer se sentía muy cómodo; en dar vueltas con una bicicleta que le regaló Rafael Belén, dueño del bar que había enfrente de la fragua; en tocar una guitarra de juguete que fue a parar a sus manos, en torear (de salón o escapándose por ahí a dar algún capotazo a una vaquilla o a un becerro). En esas y en otras muchas cosas que algunos amigos suyos de la época y, sobre todo, Rancapino, que a menudo se quedaba a dormir con la familia en san Fernando y con quien corrió innumerables aventuras, guardan para sí.

El futuro artista no fue mucho a la escuela aunque quizá un poco más de lo que se ha dicho. Si en total asistió un par de años a clase, iba dos días y faltaba tres. Un colegio, el Liceo del Sagrado Corazón de Jesús, que dirigían los frailes carmelitas y que estaba situado junto a la iglesia del Carmen. La institución era «de pago», eso significa que no estaba al alcance de los niños de clase humilde y sólo asistían los hijos de las familias acomodadas. Sin embargo, los religiosos habían habilitado unas aulas donde retoños con menos posibilidades y distinta edad convivían en las aulas y aprendían con esfuerzo a leer y a escribir, las cuatro reglas y mucho catecismo, esto último con miras a prepararlos para la primera comunión. Una escuela de pobres con unas aulas muy grandes, con cerca de sesenta alumnos por clase, con pupitres grandes y viejos de madera y con un cura que ejercía de profesor que —como dije antes— les daba mucha religión. Donde los estudiantes de la escuela de pago y la otra coincidían poco o nada porque la entrada era aparte, los profesores no eran los mismos y hasta la hora del recreo se hacía a diferente hora. En un pueblo donde las clases sociales estaban muy definidas no era lógico ni deseable que los muchachos se mezclaran. Y Pijote Chico no fue buen estudiante ni le gustaba demasiado ir a clase; algo fácil de apreciar para quienes hayan podido ver algún escrito del cantaor o alguna firma o dedicatoria: una caligrafía llena de mayúsculas, indómita e infantil da testimonio de que Camarón no cogió mucho el lápiz y que, cuando lo hizo, no puso en ello muchas ganas. «Por la tarde, muchas veces no íbamos a la escuela. Sin que nos viera mi madre cogíamos la escalera y subíamos a la azotea. Allí teníamos un capote guardado y, con dos palos, nos poníamos a torear durante tres o cuatro horas» explica Lolo. Durante esas horas los dos muchachos estaban muy atentos al reloj porque, cinco minutos antes de que acabaran las clases se iban corriendo al colegio. ¿A qué venían las prisas? ¿Miedo a que les descubrieran? No, a las cinco en punto el profesor daba una clase extra de religión en la iglesia, «la doctrina» (quince minutos) tras la que los alumnos recibían como recompensa un pedazo pan y una pastilla de chocolate.

Cuando Camarón era muy pequeño, una de aquellas noches en la que se encontraba en la Venta de Vargas, a puerta cerrada y medio escondido por si venía la Guardia Civil (que de vez en cuando pasaba para controlar que no hubiera ningún menor), María Picardo le preguntó: ¿Y tú qué quieres ser de mayor? Él, siendo como ya era de pocas palabras, aunque muy decidido respondió: «Yo quiero ser un buen torero, un buen guitarrista o un buen cantaor». Al oír aquellas palabras, María le contestó: «Yo creo que tu camino es ser un buen cantaor porque ya lo eres. No te salgas de esta línea, síguela». Esta anécdota que cuenta Manuel Amaya, de la Venta El Canario, donde el artista iba a menudo porque allí estaba a gusto y podía descansar, es ilustrativa del itinerario que acabó tomando. Porque su primera afición fueron los toros y la segunda, la guitarra, a la que se agarró con fuerza quizá intuyendo que la música era el camino que habría de seguir en la vida. ¿Y el cante? Eso, al parecer fue distinto. Como ya sabemos, Camarón se encontró con él de forma natural. El flamenco no era una pasión primera, ni siquiera una afición; era lo normal para alguien tan dotado, sobre todo si tenemos en cuenta el entorno al que ya nos hemos referido. Camarón, hablando de su madre, explicó: «Aprendí a cantar de mi madre, ella cantaba con una rabia y una personalidad inigualable. Se puede decir perfectamente que yo aprendí de ella». Porque el cante era la mejor forma de expresar sentimientos y canalizar un talento artístico descomunal innato y que al final le haría olvidar —aunque no del todo— sus otras pasiones para convertirse en un profesional del flamenco. Primero sucedió con los toros porque, aunque a lo largo de su vida el cantaor dio algunos pases cuando tuvo ocasión, siempre fue algo miedoso; o por lo que dice Manuel: «Quizá lo viera más fácil con el cante». Luego también abandonó la idea de ser guitarrista, aunque Camarón tocaba bien y su amor por las seis cuerdas duraría toda la vida, llegando a acompañarse él mismo en algunas ocasiones.

Sobre su afición taurina, Candado cuenta que de mayor no le gustaba ver las corridas por televisión sino en directo, en la plaza, aunque muchas veces prefería ir de incógnito. Por eso, cuando ya era famoso y seguía a Curro Romero con su amigo y ex novillero José Rebujina, que ahora regenta la taberna El Albero en Cádiz, solía comprar entradas de la última fila de la grada cubierta para que nadie le reconociera. Romero era el matador que más le gustaba junto a Rafael de Paula, «"Los toreros con arte", decía», recuerda Candado; «Todo el que sea capaz de hacer el toreo bueno», había dicho él mismo. Con Curro mantuvo una buena amistad que duraría hasta su muerte: «Curro y yo somos más que amigos, somos como hermanos. Yo a él lo he visto muchas veces cuajar faenas históricas, de arte total». Estar entre los más grandes —cada uno en lo suyo— pudo influir en ello. Juntos, además de correrse muchas juergas, hicieron cosas muy interesantes aunando cante y toreo. En 1988, la asociación gitana Tagore de Badajoz organizó un festival taurino donde la tradicional banda de música fue sustituida por cantaores, y el pasodoble —cuyo compás marca el paseíllo, por la guitarra de Tomatito, un evento que la prensa recogió con estas palabras: «El cante, prodigioso, desgarrado, salvaje, de José Monge contribuyó a dar vida y a engrandecer la faena de un Curro Romero en estado de gracia».

Pero el torero que primero despertó la admiración de Pijote Chico fue Manuel Benítez *El Cordobés*, con el que de forma sorprendente para su edad y según explica su hermano Manuel llegó a cartearse de niño. ¿Qué hacía un crío de diez o doce años enviando cartas a una leyenda de la tauromaquia cuya amistad y cercanía se disputaban los famosos y los círculos sociales de la época? Y lo más sorprendente: ¿qué hacía Manuel Benítez contestando las cartas de un chaval de San Fernando que decía que quería ser torero? Lolo Picardo, recuerda una graciosa anécdota sobre el día que el famoso torero pasó por la Venta preguntando por Camarón. Lo primero que hizo El Cordobés nada más entrar fue decir: ¿Podéis ir a buscar a Camarón? Mientras le esperaba, el matador se quedó mirando dos cabezas de toro que colgaban de la pared, una de las cuales aún permanece allí clavada con la mirada absurda de los trofeos disecados. De ella pendía una placa con la leyenda de que aquel animal lo había lidiado y muerto en la plaza El Cordobés. El torero, tras mirarla con mucha atención, afirmó con rotundidad: «Yo no he matado a ese toro. A todos los animales que he matado los conozco porque paso mucho miedo delante de ellos». Quizá por eso ahora, bajo el trofeo no cuelga ninguna placa. Lo que parece claro es que esta anécdota, además de ilustrar la buena memoria del torero, confirma la relación del cantaor con Manuel Benítez, algo de lo que da fe Manuel: «Una vez nos fuimos a ver a El Cordobés y él nos vio y nos metió en la plaza. Luego fuimos a un bar a comer y después nos fuimos de fiesta». Al hermano mayor, siguiendo con el tema, le gusta referirse a las incursiones de su hermano en la fragua de su padre para hacerse banderillas. «Siempre andaba por ahí con una maletita de madera donde llevaba unos cuernos para entrenarse y sus cartas a El Cordobés que él cuidaba tanto.»

El mayor de los Monge explica con gracia y con nostalgia cómo una vez Camarón desapareció, junto a su amigo de infancia Manolito el del Lunar, y apareció una semana después «con los pantalones destrozados». Los dos amigos habían estado toda la semana entrando a las fincas de noche a torear a la luz de la luna y habían recibido más de un revolcón. A ello se refiere el dueño de la Venta El Canario cuando explica que una noche, cuando tenían trece o catorce años, Camarón y Rancapino aparecieron por allí dándole noticia de una aventura ilustrativa de las andanzas y del carácter de estos dos aspirantes a matadores cuya vocación el tiempo y el miedo se encargarían de frustrar: «Una noche pasaron por un camino en el campo de Véjer y saltaron la alambrada. Antes se habían cambiado los pantalones porque los de Rancapino eran mejores y, como éste era el que iba a saltar primero, no quería que se le estropearan. Al parecer, estando ya el de Chiclana dándole los primeros pasos a un ternero, su amigo, que vio que el animal entraba bien, saltó y se puso a torear. Rancapino entonces le gritó: "Te vas a poner a torear con mi pantalón. Apártate que me lo vas a echar a perder..."».

Acerca de las correrías del cantaor por Cádiz como torero, José Rebujina, ex novillero que entre otros toreó con Paquirri y con Palomo Linares, aporta algunos datos interesantes. Su amistad data de cuando el cantaor tenía doce años porque lo conoció en la parada de autobuses que enlazaba Cádiz con San Fernando, junto al bar La Bella Sirena. Rebujina vivía allí, junto al bar donde a veces el futuro artista se arrancaba a cantar y donde solía ir con Paco *El Puerto*. «Hicimos amistad porque a mí me gustaba mucho el cante y, a él, el toreo. Yo entonces entrenaba de salón y él se colaba para verme. Toreaba con mucho arte, pero era muy miedoso», afirma el ex novillero. Una de las actividades favoritas de estos dos torerillos era ir por la noche al matadero municipal de Cádiz, saltar la tapia y marear algunos becerros: «En el matadero, en una corraleta, apartábamos un ternero y allí nos tirábamos hasta las seis de la mañana, que era cuando entraban los trabajadores. Muchas veces tuvimos que salir corriendo porque el director llamaba a la Guardia Civil. Nos escapábamos saltando por las tapias. Después Camarón esperaba el autobús y se iba a La Isla; yo lo acompañaba muchas veces. Él le decía a su madre que iba a Cádiz a buscarse la vida con el cante, pero venía a torear», recuerda el de Cádiz.

Un día que el hermano de Paco El Puerto y Rebujina toreaban en la feria de un pueblo cercano, se pusieron de acuerdo para que Camarón saltara como espontáneo. «Le dimos una muleta que él llevaba bien escondida. Saltó y le dio tres o cuatro pases por alto al toro. Nos pareció muy bien y al público también le gustó, porque empezó a gritar: "Que toree el niño, que toree el niño...". Pero no pudo seguir porque los que teníamos que torear éramos nosotros. A partir de ahí nos hicimos más amigos», recuerda el compañero de correrías taurinas. Camarón, después de algún revolcón, le había dicho a su amigo más de una vez: «Esto no es para mí, Rebujina, esto duele mucho». Quienes lo vieron torear de niño o ya de mayor no se ponen de acuerdo sobre su peculiar estilo. Algunos consideran que toreando de salón tenía cierta gracia y creen que si no hubiera sido tan miedoso habría podido ser un torero digno. Paco Cepero lo vio una vez dar unos capotazos en el Escorial, en una fiesta campera, con el matador Victoriano Valencia. Camarón le pidió al torero que le dejara hacer tres o cuatro pases: «Era muy jiñón, pero toreaba, tenía arte, aunque era muy miedoso. Daba los pases escondiendo la barriga».

Sin embargo, Camarón no olvidaría fácilmente su primera vocación. Con el tiempo, cuando ya estaba cantando en Madrid y su nombre era cada vez más conocido en el mundo del flamenco, Rebujina y él coincidirían más de una vez cuando aquel fue a pedir una oportunidad en la plaza de toros de Vista Alegre en la capital: «José siempre estaba por la Casa de Campo, en una pineda donde yo le acompañé algunas veces. Él no olvidaba lo de ser torero». Años después, en 1988, el artista hablaba a la prensa de su primera afición: «Quería ser torero, pero lo vi más fácil con el cante. Toreé en un festival en San Pedro de Alcántara, con Curro, Miguelín, Galán y un mejicano que toreaba por la costa (...) A mí me iban a echar una becerrita ¿no? Porque no estaba preparado ni nada, y el mexicano fue y me cambió el becerro. Yo en el burladero dije: anda ya, ¿eso es para mí? Era un bicho de cuatrocientos kilos. Y me fui para él, y me pilló dos veces, y no veas, pero después le pegué un muletazo... ¡Ahí quedó eso! Por la noche, todo el mundo roneando y bebiendo, y al final lo dije: "Aquí no hay que hablar de nada, más que del muletazo que he pegado ahí en medio". Se reían, claro, porque eran profesionales, pero precisamente por eso entendían lo bueno. Estuvo bien. Si aguantas y te quedas quieto, lo que sientes es muy fuerte». En 1987, momentos antes del recital celebrado en el Cirque d'Hiver de París que un año después le consagró en Francia, Camarón comentaba a los medios de comunicación: «Me arrepiento y no me arrepiento de no haber sido torero. Torear es un oficio muy arriesgado y el cante también. El toro te puede pegar una "corná" y el público te puede dar la bronca».

Igual que el de La Isla nunca se olvidó de los toros, sus amigos del mundo de la tauromaquia tampoco lo olvidarían a él. El 12 de septiembre de 1992, muerto el cantaor, se celebró una corrida en su homenaje para recaudar fondos y erigirle un monumento a la que asistieron Curro Romero, José Mari Manzanares Antoñete, José Parra y Martín Vázquez. En el evento tendría lugar un suceso curioso, algo de lo que dan fe, además de los presentes, la grabación televisiva de una emisora local. Cuando José Mari Manzanares brindaba un toro al cielo en memoria del de La Línea, una leve llovizna que sólo duró unos instantes hizo acto de presencia, algo tan simbólico como casual aunque sin duda emocionante.

La noche del 10 de agosto de 1991, en el Teatro Romano de Mérida y en la cima de su carrera, Camarón actuó acompañado por José Fernández Torres, Tomatito, que le acompañaba de forma habitual en aquella época. Al parecer, aquella parecía que no iba a ser una de sus mejores galas. Estaba afónico, algo que mencionan los periódicos de la época, y todo indicaba que ese hecho iba a deslucir la velada. «Después de cantar por bulerías y reconocer el mal estado de su voz, el artista se arrancó por tangos haciendo que el público enloqueciera con el cante de su ídolo, y llegaron a corear algunas de sus canciones.» ¿Cuál fue el milagro? Que Camarón cogió la guitarra y se acompañó él mismo, dejando al público con la boca abierta. No era la primera vez que lo hacía en público: ya lo había repetido en un recital celebrado en Barcelona el 6 de diciembre de 1987, cuando las cosas pintaban mal porque dos grupos rivales, uno de ellos al parecer gitano, se enzarzaron en una violenta pelea. Camarón, después de intentar poner paz y de apelar a la «tranquilidad de los boxeadores», echó mano de la guitarra para demostrar que esa noche estaba dispuesto a todo. Aunque esta vez no le sirvió para levantar un concierto que se salió de madre y que fue noticia en la prensa por el improvisado reparto de golpes.

Manuel Amaya, de la Venta del Canario, recuerda cómo Juana, la madre de Camarón, hablaba de la relación de su hijo con el instrumento. «Un día me explicó que la primera vez que lo vio con una guitarra fue cuando aún no tenía los ocho años; era de juguete, de esas de feria, y se tiraba todo el día tocándola. Decía que, de noche, cuando se acostaba tenía que dormir abrazado a ella y así se despertaba, igual que un niño. Si no era así no se dormía.»

¿Dónde aprendió el artista a tocar la guitarra? Su hermano Manuel dice que solo. Pero en la Venta de Vargas, el Pijote Chico tuvo la oportunidad de conocer y ver tocar a muy buenos guitarristas que venían acompañando a los cantaores. Allí, en el estanco —el cuartito situado detrás del mostrador de la venta— se pasaba horas y horas tocando una guitarra medio destartalada. «Nos decía a mi hermano y a mí —explica Lolo—: "Traed la guitarra". Y allí estaba toda la tarde dale que te pego. Nos ponía la cabeza loca. Era muy aficionado.»

Lo cierto es que a los doce o trece años ya se defendía bien con el instrumento porque, en la Feria de Sevilla, José Vargas Vargas, *El Mono de Jerez,* tuvo ocasión de verle tocar acompañándose sólo. Vargas estaba entonces en el cuadro flamenco de la caseta del Gitanito de Triana, un torero muy famoso de la época. Al de La Isla le presentaron al dueño de la caseta durante el descanso y al poco se puso a hacer unos cantes tocando solo. A la destreza con la guitarra del niño a esa edad —y también a su carácter y personalidad— se refiere Francisco López-Cepero, más conocido como Paco Cepero, notable guitarrista, promotor y productor cuya carrera y olfato comercial le han valido el respeto de sus compañeros de profesión. Cepero recuerda que Camarón y Rancapino llegaron un día a una fiesta que los Domecq celebraban en su casa de Jerez y en la que estaban Paco de Lucía y él. El cantaor siempre recordó que aquella era la primera vez que coincidía con el de Algeciras, aunque aquel día no fueron más allá de la estricta cordialidad. «Apenas verlos entrar, como el nombre de Camarón ya sonaba con fuerza en los ambientes flamencos, la gente empezó a gritar: "Que cante ese chiquillo, que cante ese chiquillo". Alguien le dijo a Paco de Lucía que tocara, pero él me dijo a mí: "Toca tú, Cepero". Tras un momento de indecisión en el que nadie cogía la guitarra, Camarón, en un arranque de orgullo y, también porque conocía suficientemente bien el instrumento, tocó él solo. "Yo dije: Ea, pues no tocarme ninguno que voy a tocar yo. Así que me toqué y canté yo y acabé con todos"», recuerda Candado que explicaba el propio cantaor sobre esa anécdota. Al parecer los presentes se quedaron de pasta de boniato, no sólo por cómo cantó el niño, sino también por la gracia con la que se desenvolvió con la guitarra.

Candado recuerda muy bien el cariño que el cantaor le tenía al instrumento, algo que pudo comprobar en muchas ocasiones y que le hace remontarse a la primera vez que Camarón fue a cantar a Santa Coloma de Gramenet, actuación que tuvo lugar en el recién inaugurado polideportivo de la ciudad. «Yo sabía que él estaba enamorado de una guitarra, una Ramírez con el clavijero de palo que había visto en mi casa.» El artista le dijo a Candado que fuese a buscarla. «Tenía muchas, pero quería aquella, decía que sonaba muy bien.» Con ella le tocó a Duquende, que entonces era un crío y su familia se lo había llevado para que lo presentara y lo diera a conocer al público. «Al niño le tocó tres fandangos de los primeros que grabó», comenta Candado. Guitarras e instrumentos que todavía hoy la familia del artista conserva en una habitación de la planta baja de su casa; entre ellos, un sitar hindú que el de La Isla adquirió cuando lo descubrió —seguramente por culpa de Ravi Sankar, muy de moda entonces— y con el que pasaba mucho rato intentando arrancarle algunas notas. Joaquín Román, *Quino,* cuñado de Camarón que siempre ha vivido en La Línea, y buen guitarrista, relata que aquellos sonidos los grababa en un aparato que compró en Algeciras en los años setenta y que ya entonces le costó más de cuatrocientas mil pesetas.

Como recordaba anteriormente su hermano Manuel, Pijote Chico cantaba desde los tres o cuatro años. No en vano el propio artista había repetido más de una vez que cantar era lo único que sabía hacer y que su madre lo había echado al mundo para eso. Aunque al parecer Juana nunca le dio mucha importancia al talento de su hijo. Según explica Rebujina era porque ella cantaba muy bien, y lo de su hijo —desde su punto de vista— no tenía por qué ser algo fuera de lo común. Lo que parece innegable es que, antes de iniciarse en la Venta de Vargas de forma esporádica y de la mano de su hermano Manuel, la semilla ya estaba sembrada y empezaba, a pesar de la corta edad del cantaor, a crecer y dar fruto. Camarón, no «aprendió» a cantar; el cante —que él recreaba— lo llevaba dentro desde que nació. Luego fueron el entorno y las circunstancias las que posibilitaron el desarrollo de sus facultades en un ambiente muy propicio ya que, como él mismo recuerda, a su casa iban a parar las compañías de flamenco que llegaban al pueblo: «Yo me despertaba y a lo mejor estaban allí cantando, y yo lo escuchaba todo y me iba quedando con cosas». Porque Camarón siempre dejó claro que de quien había «aprendido» era de los viejos cantaores: «Tengo mucha discografía antigua, aquellas de placas de pasta, tengo muchas desgastadas de tanto oírlas, incluso rotas y pegadas».

Como confirman quienes le conocieron y siguieron su carrera desde sus inicios, por encima de sus habilidades como cantaor que, por descontado, eran fuera de lo común, lo que le hizo llegar a lo más alto fue el ser un gran aficionado, un hombre con un inagotable afán por aprender cuya actitud ante el flamenco fue de absoluto respeto, cualidades que le acompañaron siempre. De esa voluntad y de sus enormes condiciones musicales habla El Chato de La Isla cuando dice que Camarón, cuando aún era un crío que sólo bebía gaseosas ya cantaba, según sus propias palabras, para comérselo: «Era un ratón de armario». El Chato, que siguió la carrera del cantaor desde que empezó en la Venta de Vargas y en otros lugares, pronto advertiría que lo de aquel niño no era normal, sobre todo y según sus propias palabras, «por lo sabio que era cantando», algo impropio en un chiquillo. Ya de niño Camarón tenía la virtud de hacer los cantes de otros «recreándolos», haciéndolos más grandes, lo que sería la tónica general a lo largo de su carrera. Aquel chiquillo «cogía» los cantes de, entre otros, La Perla, a la que había oído mucho, El Chaqueta, con el que coincidió en Málaga o de El Rubio, y los hacía suyos. «Era muy dulce cantando», recuerda El Chato. Por otro lado, Cepero, que fue el primero en acompañar al artista de forma más o menos oficial en el tablao Torres Bermejas de Madrid y que para algunos ha sido el que mejor le ha tocado a Camarón, coincide con El Chato: «Con ocho años, el niño imitaba a todo el mundo y lo hacía bien. Lo absorbía todo para poner en ello su sello personal y dejar su huella. No era normal que un niño con esa edad cantara así.»

Sus cualidades para el flamenco no siempre le reportaron beneficios cuando aún era un niño. Ello, junto al hecho de andar de un lado para otro sin que nadie supiera bien dónde estaba —«siempre andábamos buscándolo por ahí», recuerda Manuel— o relacionándose con gente mayor que él, también le dio algún disgusto, aunque sin demasiada importancia. Uno de ellos tuvo lugar en el Santo Entierro acontecido durante la Semana Santa de San Fernando, cuando el Pijote Chico, los hermanos Picardo y algunos amigos de más edad estaban frente a la iglesia del Carmen. Al parecer, aquellos muchachos le dijeron a Camarón que le cantara una saeta al paso del Santo Entierro. Él, que no sabía que ese día no se podían cantar saetas, no lo veía muy claro, pero al final se animó. Como había mucha gente, para que se le viera bien los muchachos lo agarraron de los brazos y lo sentaron sobre un buzón de aquellos antiguos que estaban rematados por una pirámide, con tan mala fortuna que fue a dar encima del pico, algo que, al parecer, no le hizo mucha gracia: «Nada más sentarlo empezó a llorar y a maldecir. Y, claro, no cantó. Menos mal porque estaba prohibido», recuerda el mayor de los Picardo.

Anécdotas aparte, Camarón, entonces ya era artista. Una palabra que en boca de quienes la dicen va más allá de su talento. «A los doce años ya cantaba igual que a los cuarenta», afirma Rebujina. Para el de La Isla cantar no era sólo ganar dinero, sino una necesidad vital, una forma de expresión individual tan vital como el aire o el agua. Algo que, de mayor y cuando había triunfado, se hizo más patente y sobre lo que hablaremos más adelante. Sólo a partir de su talento, de su personalidad y de su respeto por el género se puede entender que con doce o trece años, en la Venta de Vargas y ante unos señoritos medio borrachos que, en un poco edificante ejemplo de ostentación, le ofrecían cuatro mil duros de los de 1962 por hacer unos cantes, se negara a hacerlos, aunque ni él ni su familia fueran sobrados en aquel momento. El chiquillo estaba en la venta y en la barra había unos hombres de dinero, pescaderos y carniceros. De pronto preguntaron: «¿Ese niño rubio es Camarón?». Y, borrachos como iban, sacaron del bolsillo unos billetes y los pusieron encima de la mesa; pero el «niño rubio» no aparecía porque se había quitado de en medio. La situación se prolongó durante todo el tiempo en que aquellos señores estuvieron por el local, dos o tres horas, momento en que Camarón, que se había escondido en la azotea, bajó. Los señoritos, al parecer, se fueron diciendo: «No veas, despreciar este dineral por un cante». Nada más irse, el mayor de los Picardo preguntó a Camarón por qué no había querido cantar: «Porque esos tíos tenían mucha guasa», respondió. Esta anécdota tiene una carga simbólica importante que cobra mayor relevancia si añadimos que esa tarde el joven cantaor tenía que ir a

Cádiz y necesitaba dos reales para el autobús. Algo que al final resolvió con la ayuda de sus amigos cogiendo las perras gordas que los camareros de la venta tiraban por encima de una estantería que estaba detrás de la barra.

El primer encuentro de Manolo Caracol con el cantaor, suceso que ha hecho correr mucha tinta y sobre el que hay distintas versiones, tuvo lugar en la venta cuando el Pijote Chico tenía doce años. La trascendencia que se le ha dado a aquel momento es mucha si tenemos en cuenta que, como veremos, las relaciones entre los dos artistas fueron siempre cordiales y estuvieron presididas por el respeto y la admiración más absoluta. Cuando Camarón estaba actuando en Torres Bermejas —ya en Madrid— si entraba Antonio Mairena —otro de los grandes— él seguía cantando como si tal cosa, pero si lo hacía Caracol, nada más verlo —y eso que le tenía más confianza— se le quedaba la boca seca, como él mismo comentó más de una vez. Pero la relación de los dos artistas siempre ha estado revestida de leyenda, algo a lo que el mundo del flamenco parece a veces muy dado. Y si bien es cierto que en Madrid Camarón nunca cantó de forma profesional en Los Canasteros, el tablao que Caracol tenía en la capital, sí lo hizo otras veces por el puro placer de hacerlo, momentos que en ocasiones tomaban un cariz casi eucarístico. El porqué de la importancia que se le ha dado a aquel primer encuentro radica en que parece ser que Caracol no se interesó mucho por el cante de aquel niño rubio y que, según dicen algunos, incluso torció el gesto cuando lo oyó. Juan Vargas, el dueño de la venta, le había hablado varias veces a Caracol de Camarón, y dicen que aquel había comentado que «un rubio no puede ser nunca un buen cantaor». Cuando el de La Isla era aún un chiquillo, Juan le había dicho a Gitanillo de Triana que lo llevara a Madrid, al tablao que aquél regentaba en la capital. Pero parece que Caracol le quitó las ganas. Camarón comentó más de una vez que el dueño de Los Canasteros había dicho: «Bah, este niño tan rubio no canta; bah, no sé qué...». «Eso se me quedó a mí grabado y se murió con la pena de que yo me viniera a trabajar a Los Canasteros.» A ello se refiere Enrique Montiel cuando afirma que Camarón se acercó por la venta una tarde y que Juan Vargas lo llevó hasta donde estaba Caracol para que le cantara: «José lo hizo, con todas sus ganas, desde luego, y Caracol no dijo nada, silencio, nada. Ésta es la auténtica verdad de lo sucedido. Ni torció el gesto ni hizo el menor comentario, sencillamente guardó silencio», escribe el autor de *Camarón: vida y muerte del cante*. Según las mismas fuentes, el cantaor percibió aquello como una herida «que le duró hasta su último disco, hasta su último aliento» y de lo que Caracol «se arrepentiría hasta el final de su existencia». Lo más seguro es que, torciera o no el gesto, lo que sucedió es que a Caracol le dolió lo que el niño cantó por que advirtió que aquel crío iba a ser muy grande y ello precisamente en el momento en que él estaba en lo más alto. Lo cierto es que a Camarón no le hizo gracia lo que pudo pasar en ese primer encuentro, pero también es posible que posteriormente fueran también las circunstancias las que hicieran que el artista no cantara nunca de forma profesional en el tablao de Caracol, aunque sí lo hizo muchas veces con ocasión de alguna juerga.

Refiriéndose a una de aquellas ocasiones, Cepero reseña la actitud casi reverencial de Caracol hacia el cante del de La Isla: «Manolo Caracol era muy soberbio pero se volvía loco escuchando a José». Y explica cómo el maestro, por la mañana, recién levantado y después de una de aquellas juergas, tiró una mesa cuando oyó a Camarón interpretar los fandangos de El Gloria: «No se puede aguantar», dijo. Y tiró la mesa. Allí también estaba Arturo Pavón, Luisa Ortega... «Todos lloraban, y eso que estaban recién levantados», continúa el guitarrista. El maestro hacía tiempo que había escuchado el primer disco del de La Isla, por lo que llamó a Juan Vargas y le preguntó: «¿Este es el niño que yo estuve escuchando en la Venta?» «Sí», contestó Vargas, «¿qué dices ahora?» «Digo que para mí es el mejor», dijo Caracol. «Eres el mejor, eres el mejor», una afirmación que en una noche el dueño de Los Canasteros le repitió a Camarón durante más de cinco minutos mientras le cogía por la barbilla y lo sacudía como en estado de trance.

Antonio Mairena, otro de los grandes de la época, a pesar de ser un artista cuya escuela un tanto inmovilista tuvo gran ascendencia sobre el flamenco en aquella época, no tuvo empacho en reconocer el talento de Pijote Chico. Y parece ser que tampoco le faltó visión de futuro al pronosticar quién iba a ser aquel niño en el flamenco.

El primer contacto entre ambos artistas se produjo en la Feria de Sevilla a donde fueron Camarón y Rancapino de la mano de Paco Betordo. Allí, además de cantar en la caseta que la Venta de Vargas ponía en el prado de San Sebastián, también lo hizo en otros lugares, lo que ayudó a que su nombre corriera de boca en boca entre los aficionados, hasta el punto de que Antonio Mairena mandó llamarlo. El encuentro tuvo lugar en una de las casetas a la hora del café, Paco Betordo hizo las presentaciones y Mairena exclamó: «Vamos a ver qué clase de niño es éste. ¿Qué cante quieres cantar? ¿Cuál te va mejor?». «Yo hago un poco de todo», respondió Camarón. «Entonces sabrás cantar por soleares ¿no?» Y le dijo al guitarrista: «Ea, vamos a ver si es verdad». Cuando el niño empezó a cantar por soleares, el maestro se sorprendió mucho y dijo que no era normal cantar así por soleares. «¿Dónde has aprendido?», le preguntó. Ese estilo y esa garganta no los había escuchado nunca, por lo que Mairena sentenció: «Vas a llegar muy alto, ¿eh?». Aquella misma tarde, el propio Mairena acabaría arrancando a bailar por bulerías al cante de Camarón, a pesar de que era la hora del café, un momento poco propicio para las explosiones de júbilo.

Esta primera visita del cantaor a la Feria de Sevilla fue un paso importante en su carrera. Antes había subido a algún escenario como el del Teatro de Las Cortes acompañado por sus hermanos en una compañía de aficionados de San Fernando, dirigida por el bailaor José Barrera. Además de encontrarse con Mairena, en la feria de Sevilla Camarón también cantó para personalidades tan dispares como Lola Flores o —por psicodélico que suene— para el mismísimo Johnny Weismuller, el inolvidable Tarzán.

Camarón y Rancapino deambulaban por la feria y, tras despistar al portero, se colaron en una caseta donde estaba Lola Flores. La Faraona, al verlos preguntó: «¿Qué hacen aquí estos dos gitanillos?». Ellos contestaron que habían ido a buscarse la vida, y la Flores les invitó a comer y a beber algo. Cuando su anfitriona les preguntó si cantaban, ellos dijeron que sí, que Camarón tocaba (porque él venía a la feria como guitarrista de Rancapino) y que el otro cantaba. «Pues vamos a escuchar algo», dijo Lola. Y Rancapino se arrancó a cantar mientras el de La Isla le acompañaba a la guitarra. Al poco, el de Chiclana le dijo a la Faraona: «Pues este muchacho canta mejor que toca». Así, acompañado por el tocaor que andaba por allí con los otros artistas, el joven cantaor se puso a cantar por bulerías aquello de «Duélveme el rosario de mi madre / y quédate con todo lo demás». Lola Flores se emocionó tanto que incluso le dio un pequeño mareo, explica Manuel, que recuerda que allí la pareja «trincó un buen dinero».

Una de aquellas noches, José Vargas Vargas El Mono de Jerez, buen amigo del de La Isla —relación que se fraguó en la feria de Algeciras, donde se hicieron una simpática foto en una caseta de feria— y que estaba cantando en el cuadro flamenco de la caseta del Gitanillo de Triana, vio cómo le presentaban a José al torero y cómo aquél cogía la guitarra y se ponía a cantar por bulerías. Además de al Gitanillo y al resto de los presentes, aquello también pareció gustarle mucho a Johnny Weismuller, que estaba por allí invitado. Según Vargas, al irrepetible Tarzán —que no le dio por entonar su selvático alarido— pareció interesarle el cante del adolescente Camarón, aunque al parecer el actor no era precisamente lo que se dice un gran ententido.

Más adelante, con apenas quince años —para lo que necesitó el permiso familiar—, el joven cantaor volvió a dar otro paso de importancia en su trayectoria yendo a recalar a Málaga con la compañía de Miguel de los Reyes. Allí actuó durante unos meses en la Taberna Gitana con bastante buena aceptación del público. Camarón se había enrolado con la compañía de Miguel de los Reyes para sustituir a Pansequito, que se iba a la mili: «Iba Pansequito con ellos pero se tenía que ir a la mili, así que buscaron a Rancapino, éste les habló de mí y entonces me metieron en el cuadro. Miguel de los Reyes se encerró conmigo en el camerino, le canté, y al salir le dijo a Rancapino que me llevaba a mí y que él no iba ni a Conil».

Pocos días después, su hermano Manuel le acompañó y Camarón llegó a Málaga, donde, además de actuar y de aprovechar para hacer algunas galas por la Costa del Sol, se relacionó y trabajó con Antonio Fernández de los Santos, El Chaqueta, cantaor nacido en La Línea que conocía muy bien los cantes antiguos; hombre bohemio al que Camarón respetaba mucho y de quien tuvo alguna influencia, sobre todo de los trabalenguas. De él asegura el de La Isla que conocía cantes de los que ni Mairena tenía noticia. «Me cantaba y me hablaba de todo, de muchos cantaores que en la actualidad no los nombran siquiera, de La Pompis, de La Moreno, José de Paula, Currillo de la Jeroma, de El Maní y de otros más, que hoy cuentan poco porque no llegaron a grabar.»

Uno de los sucesos más importantes en la carrera del adolescente Camarón fue su participación en el IV Festival de Cante Jondo celebrado en Mairena del Alcor en agosto de 1966, donde el cantaor obtuvo el primer premio del segundo grupo, cantes festeros, alegrías, bulerías y soleares. Ello le dio mayor prestigio en los ambientes flamencos, así como el aldabonazo a una trayectoria que cada vez arrancaba con más fuerza en el siempre difícil y competitivo ambiente del género. Este concurso sería el único que ganó en su larga carrera, aunque la mayoría de los libros y textos biográficos dedicados a Camarón hablan de un premio que el de La Isla obtuvo en el Festival Flamenco de Montilla, datado en 1962 cuando contaba con doce años. Y lo cierto es que el cantaor nunca ganó ningún concurso de cante en esa localidad. Camarón le había dicho a Candado varias veces que él no era partidario de estos eventos y que no le gustaban porque en esos lugares todo el mundo sabía demasiado: «Allí lo saben todo, de quién es esto, de quién es lo otro», decía.

Y eso a él no le interesaba nada. Lo que quería era cantar «como lo habían hecho su padre y su madre y ya está». Aunque al parecer sí participó en un concurso en Montilla, pero lo cierto es que no obtuvo ningún premio. A esta confusión tan extendida pudo contribuir que el mismo cantaor se refiriera en alguna ocasión a una placa honorífica que le había sido otorgada en la Cata Flamenca de localidad, lugar donde se le quería mucho y donde fue en numerosas ocasiones a cantar. A este respecto, Francisco Gómez Soriano, catedrático de flamenco de la Universidad de Córdoba e hijo del cantaor Rafael Gómez Márquez, *El Lucero*, recuerda que en aquellos años se celebró un concurso en el Cinema Palacio de la localidad. Allí no había un festival estable como en otros lugares de Andalucía, aunque esa iniciativa sí se llevó a cabo durante dos años. Gómez Soriano recuerda a Camarón como un niño rubio que cantó bien, aunque en aquel momento ni a él ni al resto del jurado les llamó demasiado la atención. «No obtuvo ningún premio.» Como explica Manuel Ruiz Hidalgo, miembro de la peña flamenca de Montilla El Lucero y que también recuerda a aquel chiquillo rubio y vivaracho pululando por las casetas de la zona del Paseo de Cervantes, el hecho de que se le haya atribuido un premio puede residir en unas declaraciones de Camarón que él mismo leyó en una guía de los festivales flamencos, volumen que se editaba cada año y que las personas interesadas por el género manejaban con profusión. «No sé si el error fue del periodista o del propio Camarón. La entrevista estaba hecha en París, creo, y el de La Isla hablaba de la placa que tenía de la Cata, algo que el periodista pudo confundir.»

Durante el Festival de Cante Jondo de Mairena del Alcor, Candado tendría la oportunidad de escuchar a Camarón de una manera más pausada y en un momento en que, pese a su juventud, ya estaba «muy hecho» como cantaor. No era la primera vez que lo oía cantar; ya lo había hecho en la Venta de Vargas, donde se llevó una buena impresión de él aunque tampoco le prestara demasiada atención: «Yo estaba acostumbrado a la gente de Jerez, que es diferente en todos los sentidos». Antes ya lo había visto jugando y haciendo sus correrías por San Fernando, en donde había trabado amistad con El Mono de Jerez. José Vargas Vargas fue quien le habló del niño. «Me dijo: "Mira, éste es el hijo de Juana La Canastera, una gitana de San Fernando; su padre es herrero".» Sin embargo, en 1966 Candado no fue a Mairena del Alcor a ver a Camarón sino que se dio la coincidencia de que él estaba por Jerez y se acercó a la localidad sevillana cuando supo que iba a tener lugar el concurso. Allí se llevaría la sorpresa de que uno de los participantes era el joven cantaor. «Lo escuché en la final, creo que cantó por soleares, alegrías y bulerías y me parece que le tocaba Pedro Peña.» Si se le pregunta qué impresión tuvo de aquel adolescente, Candado dice que lo recuerda como lo que era, casi un niño, pero que cantaba muy bien, aunque hubo algunas cosas que le sorprendieron de él: «Me chocó cuando empezó a cantar porque vi una cosa que me llamó la atención. En la soleá se le notaba la influencia de la gente de Utrera, de la Fernanda, y de la soleá de la Serneta. Las alegrías ya eran de Cádiz, pero me sorprendió —cuando lo pensé años después— el hecho de que las bulerías que cantó no eran como las que él hacía, donde quizá fue el número uno. También despertó mi curiosidad el hecho de que hacía una cosa de Orillo del Puerto, hermano de Rancapino, unas bulerías muy pausadas, no revolucionadas, con unos melismas muy peculiares: "Saca la cara lavá /sin collares ni pinturas"». Candado se admiró de que con quince años aquel jovenzuelo conociera tan bien los cantes de otros lugares con gran tradición flamenca, en este caso la soleá que recrea la Fernanda de Utrera —al parecer la de La Serneta— que es donde ella se encuentra más a gusto, cuando había en Cádiz y alrededores gente que lo hacía tan bien. «A partir de ahora voy a poner más atención a ver lo que éste sabe o no sabe de cante, pensé.» Al poco recibiría el primer premio del segundo grupo, los cantes festeros, a lo que contribuyó Antonio Mairena, que recomendó al jurado que se lo dieran. «Como ha cantado este niño los cantes de compás no ha cantado nadie», dijo. Y eso, teniendo en cuenta quién lo decía y que en el concurso había gente muy importante, porque entonces uno de esos certámenes como un examen, tenía un gran valor. Lo cierto es que allí participaron cantaores bastante buenos, pero la mayoría solían hacer las soleares de Sevilla, Triana o Alcalá, con una fuerte influencia de Mairena o de Juan Talega.

«Concluido el concurso —recuerda Candado— le di la enhorabuena. No sabía que tenía un premio, pero suponía que se lo darían. "Me parece que tienes premio, ¿eh? —le dije—, porque tal y como se te ha oído cantar..." Él se echó a reír y no dijo nada. Yo creo que estaba convencido de que no iba a ganar. Me despedí de él. Le dije: "Nos veremos por ahí. Te deseo suerte. Vas a ser un pedazo de cantaor". Yo le hubiera dado el primer premio absoluto». A continuación el cantaor se despidió de Candado, no sin antes decirle que él vivía en San Fernando: «Allí tienes tu casa, si no me encuentras te vas a Chiclana, que está Rancapino». En Jerez Candado supo que Camarón se había llevado el galardón: «El chaval de San Fernando, el de la Canastera, se ha llevado un primer premio», corría la voz. A partir de aquel momento Candado fue viendo al de La Isla de forma esporádica. ¿Podían ellos entonces imaginar que la vida y las circunstancias acabarían uniéndolos de la forma en que lo hizo? No parece fácil.

II

SANGRE

«Tenía que irme a Madrid, que es donde el artista, igual que el torero y el futbolista, se hacen», afirmó una vez el cantaor ante una cámara de televisión unos años después de su llegada a la capital. Ese «hacerse» hay que entenderlo como la opción de darse a conocer en un lugar con mayor resonancia, más público y donde se le ofrecieran nuevas posibilidades. Como cantaor el de La Isla ya estaba «hecho», algo evidente si se repasa su trayectoria y se atiende a las opiniones de todos los que le habían oído cantar. Y el Madrid de finales de los sesenta, con una actividad flamenca febril y un buen número de tablaos con una programación estable y de gran calidad en las que las figuras del momento se daban a conocer, era el lugar adecuado para ello. Pero la ciudad de hoy no es la misma y es imposible prever qué hubiera hecho Camarón de verse de nuevo en la misma situación, a pesar de que la capital sigue teniendo una notable actividad flamenca y siendo uno de los centros neurálgicos del cante donde se celebran de forma periódica encuentros en los que participan las figuras más destacadas. Sin embargo, también es cierto que se echan a faltar locales con programación estable, lo que antes era característico. Esos lugares que en reñida competencia se disputaban a las principales figuras del género no han desaparecido, aunque la calidad de sus programas es irregular y su actividad no tiene nada que ver con la que había cuando el cantaor llegó. Por eso no es casual que el propio Camarón muy pronto se diera a conocer en Torres Bermejas, uno de los lugares que, junto a Los Canasteros de Manolo Caracol, era uno de los más importantes de Madrid. Aunque ese no fue el primer lugar donde el cantaor recaló profesionalmente, como veremos más adelante.

Para entender lo que significó en el flamenco la llegada del artista a la capital y el papel que los tablaos jugaban entonces es interesante ver en qué momento estaba el género. El cante vivía una etapa caracterizada por un férreo inmovilismo propiciado por el «mairenismo», un movimiento que supuso una vuelta del cante a su ortodoxia más pura y que segó la hierba a cualquier intento por sobrepasar los cánones establecidos. Su detonante, Antonio Cruz García (Antonio Mairena) había contribuido a la revalorización del flamenco impulsando, con la colaboración de las instituciones, los festivales. Por eso, para muchos hay que hablar de un antes y de un después en el flamenco de este cantaor nacido en Mairena del Alcor (Córdoba) en 1909 y fallecido en 1983 en Sevilla que, tras Tomás Vargas Suárez, El Nitri y Manuel Vallejo, se hizo en 1962 con la tercera Llave de Oro del Cante. Hermano de Curro y de Manuel Mairena, este hombre se destacó por la recuperación de cantes prácticamente olvidados y por ser un gran cantaor y gran conocedor del flamenco, aunque su figura supuso una vuelta del cante a la ortodoxia más radical y autores como Luis López Ruiz le achacan una falta de rigor en sus investigaciones así como un «exceso de técnica y algo de frialdad».

En ese contexto y en plena eclosión de la figura del enciclopédico Mairena, cuya personalidad chocaba con la de Manolo Caracol, que desde hacía varias décadas había aportado al género su peculiar frescura y genio (algo que se ha resumido en que el primero cantaba con la cabeza y el segundo con el corazón), Camarón se instaló en Madrid. Allí y tras unos inicios más bien modestos —aunque muy pronto empezó a ganar fama entre aficionados y artistas—, su figura empezó a proyectarse primero al público entendido y poco a poco, algunos años después, a un gran público integrado por jóvenes que hasta entonces no se habían interesado demasiado por el género.

La llegada de aquel adolescente rubio, tímido y guapo que al parecer tenía suerte con las mujeres no tiene mucha historia. Dando por sentado que en su vida se cerraba una etapa y que se abría otra y —según su hermano Manuel— por sus propios medios, el cantaor partió para la capital enrolado con la compañía de Miguel de los Reyes. «Como no teníamos dinero para el viaje, en aquel momento José se fue para Cádiz, donde tenía amigos que trabajaban en el Talgo que iba para Jerez. Allí se las arregló para llegar hasta Madrid», explica el mayor de los Monge. Llegó vestido con un modesto traje, lo que no era habitual en la época y que, como recordaba el propio Camarón, acabarían imitando otros cantaores y aficionados: «Al final todos han querido vestir como yo». Con el tiempo, cuando el estilo de Camarón fue derivando hacia la estética hippie, el hecho se repetiría, por lo que mucha gente imitó, además de su ropa, su barba de Nazareno, sin olvidar otros detalles como la estrella de David o la media luna de su mano. Su afición por llevar traje aún duraría bastante tiempo, algo que de momento su hermano Manuel solucionó enviándole en el Talgo los ternos confeccionados por Salvador Martínez, un amigo de la familia.

En la capital lo primero que hizo el de La Isla fue empezar a trabajar en la compañía de Miguel de los Reyes en la sala de fiestas Sayro. Aunque los lugares donde se concentraba el flamenco de la época y donde actuaban los artistas más destacados eran, como ya dije antes, Torres Bermejas y Los Canasteros, cuya rivalidad en contratar a los artistas más nombrados del momento era evidente. Por eso, lo natural es que al final el joven artista fuera a dar a alguno de los dos locales. El hecho de que acabara en Torres Bermejas tuvo que ver —además de con la rapidez de reflejos de su dueño, Felipe García, para enviar a Eugenio de Badajoz a buscarlo una noche— con que al cantaor no le entusiasmaba la idea de hacerlo en Los Canasteros por cuestiones relacionadas con su encuentro con Caracol en la Venta de Vargas unos años antes.

«Lo conocí en una sala de fiestas cuando él estaba actuando con la compañía de Miguel de los Reyes», explica el bailaor Eugenio de Badajoz, que en aquel momento trabajaba en Torres Bermejas. Este hombre, yerno de Porrina de Badajoz, marido de una cantaora a la que Camarón admiraba mucho y padre del letrista y compositor Juan Antonio Salazar, lleva más de veinticinco años bailando en la famosa sala. Eugenio explica que fue a Sayro a escuchar a Camarón a instancias de su jefe, a quien luego debía darle su opinión. Con el encargo le dio algo de dinero para las copas. «Don Felipe García me mandó porque le habían hablado bien de él, pero lo cierto es que aquella noche acabé muy tarde en Torres Bermejas y no pude ver su actuación.» Sin embargo, apenas llegar se lo presentaron y los dos acabaron cantando y bailando para unos señoritos con ganas de juerga, como recuerda el de Badajoz con simpatía pero sin nostalgia: «Era un niño con mucho pelo, tímido y con aspecto de buena persona. Nada más presentármelo nos liamos de fiesta. Él me cantó por bulerías y yo bailé dos veces». Su primera impresión fue buena y al principio no llegó a sacarle el sabor al cante de aquel muchacho, aunque enseguida vio que tenía personalidad. Al día siguiente habló con García, el dueño de Torres Bermejas, un hombre al parecer muy caprichoso que cuando quería incluir a alguien en su cuadro no paraba hasta conseguirlo. «"¿Qué te pareció el chiquillo?", me preguntó. Yo le dije: "Está bien, pero hay que escucharlo".» Aunque la cosa ya estaba hecha porque enseguida Camarón empezó a trabajar en el tablao con un sueldo de setecientas pesetas por noche que, con el tiempo, acabaría subiendo a las dos mil quinientas.

Sus inicios en el famoso tablao no fueron lo que se dice brillantes. En una entrevista concedida a Francisco Rivas para la revista *El Europeo,* el cantaor fue muy explícito: «Cada tarde me hacía dos o tres cuadros cantándole a diez niñas, no veas. Por la noche, otros dos para los guiris de primera hora. Los españoles se dejaban caer hacia las dos o las tres de la madrugada. Entonces podía cantar solo». Lo que confirma Eugenio de Badajoz cuando señala que el de La Isla empezó cantando para el cuadro, al final, que era cuando hacía unas bulerías: «Nos cantaba al Faiquillo y a mí. Después, cuando salían las atracciones —es decir, los artistas con más nombre— él salía a cantar, pero poquito. La situación al parecer no lo tenía lo que se dice contento. Pero como los males nunca vienen solos y quizá para acabarlo de arreglar, uno de aquellos días don Felipe le dijo al de La Isla que le tocara las palmas al cantaor y bailaor Diego Pantoja, lo que Camarón hizo solamente en una ocasión. Al día siguiente, antes de salir al escenario, en un rincón de la sala donde antes se reunían los artistas, el cantaor se puso a llorar y a dar golpes en la pared de la rabia que le daba aquello —explica Eugenio mientras señala la esquina donde Camarón daba golpes con desespero. Su desconsuelo duraría poco, porque el bailaor, La Pepa de Utrera, Dieguito Amaya —hijo de Rafael Farina— y algunos de sus compañeros entre los que se encontraba el propio Faiquillo, hablaron con don Felipe sobre el tema. «Y ahora ¿qué hago yo?», preguntaba el dueño de la sala. Porque Camarón había dicho que se iba y don Felipe ya estaba informado de ello. Al final el jefe dio su brazo a torcer y a partir de entonces el de La Isla pasó a cantar acompañado a la guitarra por Paco Cepero con la única obligación de, antes de actuar en solitario, hacer unas pinceladas por bulerías acompañando a sus compañeros en el baile. Desde entonces y hasta 1972, cuando el artista inició su carrera en solitario, Camarón hizo de Torres Bermejas su plaza fuerte, el lugar donde se daría a conocer, primero entre el público más interesado; luego entre el resto hasta llegar al gran público, algunos años después.

El gran sentido de la profesionalidad del artista junto a su sacrosanto respeto por el flamenco —casi excesivo, como sucede con muchos creadores que lo sean de verdad hacia el género que cultivan— fue una constante en su vida. Y allí, en Torres Bermejas, ello influyó en la angustia vital que le acompañó durante su vida. «Antes de salir a un escenario me tiembla el cuerpo, estoy que no conozco a nadie», declaró en su día a la prensa. Y aunque Antonio García, hijo del antiguo dueño del tablao Felipe García aseguró en su día que Camarón, «probablemente el mejor cantaor de los últimos veinte años», fuera un nefasto profesional, ello está fuera de lugar. «Si alguien hablaba, él se levantaba y se iba, cerrando las bulerías como fuera. Además, muchos días ni siquiera aparecía por aquí», señaló en su día el hijo del dueño. Pero recordemos que Camarón ya se había negado a cantar de niño en la Venta de Vargas para unos señoritos borrachos que le habían puesto encima de la mesa una buena cantidad de dinero; y eso sin tener ni para el autobús. ¿Por qué tenía ahora que cambiar su actitud? Las razones que le hacían abandonar el escenario si no había suficiente atención tenían que ver con su acentuada individualidad, inherente a cualquier gran creador y, sobre todo, con una voluntad de dignificar, de darle su sitio a un género que a menudo era tratado sin demasiado respeto. No sólo por los señoritos que, antiguamente, solían invitar a las fiestas a los cantaores para luego hacerlos salir por la puerta trasera o esperar en la cocina a que acabara el festín para actuar después, sino por los beodos, los lenguaraces o por quienes no fueran capaces de entender —o al menos intentarlo— la magnitud y la profundidad del flamenco. Esta actitud que como dijimos tendría bastante que ver con la angustia vital que le acompañó toda su vida, dio forma a un carácter que hacía compatibles una alegría capaz de derribar cualquier barrera con una tristeza de dimensiones planetarias. Su sentido del deber, quizá innato, no parece justo que lo cuestionen ni las afirmaciones de Antonio García ni la «leyenda negra» artística que le acompañó toda su vida, algo de lo que hablaremos después. Porque el de La Isla nunca se sentía a gusto después de las grabaciones por su elevado grado de autoexigencia y era capaz de desplazarse muchos kilómetros o de ir a buscar a cualquiera que hiciera bien un cante para escucharlo, disfrutar de él y —según la jerga habitual— «quitárselo». Testigo de ello fue Antonio Humanes, responsable de llevar a Pepín, un niño de Vallecas que cantaba muy bien, al hotel del cantaor en Madrid varias veces para que le cantara un tango: «Señor alcalde mayor / no pegue usted a los ladrones / porque usted tiene una niña / que parte los corazones», decía la letra. Por esa misma razón, además de mover cielo y tierra para satisfacer sus inmensas ganas de escuchar y de conocer el cante, era capaz de gastarse un dineral en complicados aparatos de grabación que no entendía, pero que manipulaba a veces con logros imposibles ante los que sus allegados no podían menos que reírse. A ello se refiere Joaquín Román, *Quino,* su cuñado, cuando explica que, algo después y con pocos años más, José se encerraba en el peculiar «estudio de grabación» que tenía en su casa en La Línea, para escuchar y grabar a cantaores de la zona como Paquito Torrejón o Angoli, poniéndose él mismo a la guitarra. ¿Quién que no esté loco o sea un tonto (que no era el caso de Camarón) iba a hacerse traer de Londres discos de música griega para escucharlos con atención, sobre todo por sus peculiares modulaciones y, según su talento natural o su instinto, incorporarlas luego a su forma de cantar? De ello da fe Quino, responsable de traerle de Londres media docena de discos de música griega cuya petición tanto extrañó al dependiente de la tienda en la capital londinense. «Camarón me dijo: "Anda, compadre, tráeme algunos discos, lo mejor que encuentres de música griega". Y yo le llevé lo que me recomendó un amigo mío.» Que el artista escuchó los discos es evidente. No sólo porque lo afirman sus amigos sino porque algunas «cosas» —señala su compadre— las incorporó a su cante, dándole un peculiar sonido que Quino identifica de procedencia griega al final de una bulería.

Esos primeros años del cantaor en Madrid fueron una época de esplendor vital y artístico que se tradujeron en sus primeras grabaciones, en algunas giras y en que el nombre de Camarón se afianzara en los ambientes flamencos de la capital y poco a poco también de fuera de ellos. ¿Qué vida llevaba en Madrid aquel joven inquieto, vital, atractivo y tan excepcionalmente dotado para el cante? Antonio Humanes, explica que el de La Isla «revolucionó todo Madrid» y señala que aquella etapa fuera quizá menos tranquila de lo que el artista hubiera querido, aunque fueron unos años en los que el ritmo vital de Camarón estuvo marcado por el de su trabajo en el tablao con la excepción de algunas giras, por sus primeras grabaciones y por sus noches de juerga, donde el flamenco tenía casi todo el protagonismo. Sin embargo, su juventud, sus ganas de vivir y el ambiente de la capital de la época también jugaron un papel. Cuando Humanes habla de revolución se refiere al impacto que en el ambiente flamenco de la ciudad tuvo la llegada y el afianzamiento de la figura de Camarón y también al tipo de vida que llevó durante aquellos años. Una existencia que, como cualquier muchacho lleno de ilusión, talento y futuro, le llevaría a descubrir el horizonte nuevo lleno de posibilidades en todos los ámbitos (también en los de la juerga y los de la buena vida) que ofrecía Madrid. Una época en las que el cantaor se ganó una cierta fama de rebelde —algo que quizá ilustre la opinión de Antonio García cuando refiere su actitud en Torres Bermejas— y de bohemio, cuestión muy de la época y de la profesión así como del talante gitano de Camarón. La monotonía estaba relacionada con su actividad diaria. Se levantaba tarde, comía luego algo y después se iba un rato a jugar al billar por los locales de la plaza del Callao, juego en el que al parecer el cantaor se defendía bastante bien. A partir de las seis de la tarde iba al tablao a actuar. Después, de juerga.

Al principio el ambiente era relativamente sano, el flamenco y los amigos del mundillo conformaban su mundo afectivo y personal: sus hermanos y sobre todo cantaores, bailaores y guitarristas con los que él se movía como pez en el agua, aunque siempre en grupos pequeños en los que se sentía cómodo. ¿Con qué personas se relacionaba entonces José? Además de con Manuel y Jesús, con los que vivió algún tiempo en Madrid, con Bambino, que era una de las estrellas de Torres Bermejas y al que le unió una buena amistad; también con Ramón el Portugués, Antonio el Rubio, Juan Habichuela, El Turronero, Eugenio de Badajoz, Pansequito, Paco Cepero, Paco de Lucía más tarde y otros muchos.

Sin embargo, Camarón no perdía el contacto con la gente de su tierra y a menudo les hacía de cicerone cuando iban a Madrid a actuar; artistas como Quino o José Vargas Vargas, con quien compartió muchas partidas de billar. De aquellos momentos quedan los recuerdos de Quino, que viajó a Madrid en su viaje de bodas y también los de Joselito Picardo, a quien el cantaor fue a buscar a la estación y albergó junto a su mujer en una pensión. Candado señala que de aquel viaje quedaría un recuerdo en forma de disco de papel en el que Camarón grabó dos fandangos, aunque es realmente difícil saber dónde habrá ido a parar aquella curiosidad grabada en una máquina de la calle por la que hoy muchas personas pagarían un alto precio, quizá más por su valor sentimental que por el artístico dadas las condiciones técnicas del estudio callejero. Lo habitual para el cantaor entonces era moverse con su círculo de amigos y artistas, frecuentar a veces Los Canasteros, donde Manolo Caracol disfrutaba escuchándolo cantar y donde se celebraron antológicas juergas flamencas y también otros locales como Caripén y sobre todo El Palomar, una antigua venta situada en la carretera de La Coruña a la que, después de actuar, a menudo acudía con Eugenio de Badajoz o Ramón el Portugués. Después de trabajar, juntar dinero para comprar un pollo asado y acudir a El Palomar era lo habitual, donde la fiesta se prolongaba hasta el amanecer y donde el flamenco era el centro de atención. Aunque, como señala Eugenio, «después de que cantara Camarón nadie se atrevía a hacerlo». Unas fiestas que en ocasiones acababan después del mediodía en casa del bailaor: «Una noche, al acabar, vinieron a buscarme Camarón y Antonio el Rubio. Por la mañana, acabada la fiesta, el cantaor habló de ir a mi casa a escuchar a mi mujer porque a él le gustaba mucho cómo cantaba. Cuando llegamos a casa era la una de la tarde; mi mujer nos hizo una sopa y continuamos hasta más de las tres. Éramos muy jóvenes y fue una época feliz en la que nos reíamos mucho».

Entre la bohemia y el universo del flamenco de la capital, Camarón empezaba poco a poco a formar parte de la leyenda. Pronto su figura empezó a cobrar una dimensión especial, en lo que influyeron de forma fundamental dos hechos. El primero sería la amistad con Paco de Lucía y su entorno, encuentro que se ha definido como uno de los más importante de la historia del flamenco de los últimos cincuenta años. El segundo fueron sus primeras grabaciones, que fueron el punto de partida de la difusión del trabajo y de la figura del cantaor, que con el tiempo alcanzaría unas dimensiones difíciles de imaginar en esa época.

La relación del de La Isla y de Paco de Lucía tuvo lugar en el tablao donde trabajaba Camarón. «El padre de Paco venía mucho a Torres Bermejas. Un día le acompañó su hijo. Nos entendimos rápidamente. A él le gustaban mis cosas y a mí las suyas. ¡No me iba a interesar! ¡Si era un pedazo de monstruo! En el tiempo que trabajamos juntos nos compenetramos tanto que nos entendíamos por telepatía», explicó el de La Isla. A partir de entonces la conexión entre ambos fue extraordinaria y muy fructífera tanto en lo artístico como en lo personal, ya que entre los dos artistas pronto se fraguó una sólida amistad. Algo que Paco reconocía después de la muerte de Camarón: «Éramos algo mucho más profundo que hermanos, entre nosotros había algo muy especial, una complicidad, un respeto, una amistad muy intensa». Eso fue posible porque, en Madrid, las cosas fueron distintas a la primera vez que se encontraron en casa de los Domeq. En la capital tuvieron la oportunidad de hacerse buenos amigos, trabajar y, sobre todo, sintonizar de una manera casi sobrenatural, algo normal entre dos jóvenes con extraordinario talento y con un amor y respeto por el flamenco descomunales.

El tándem Camarón-Lucía dio a la luz un total de diez discos entre los años 1968 y 1977 que dieron sucesivas vueltas de tuerca al flamenco, trabajos supervisados por Antonio Sánchez Pecino, padre de Paco. El trabajo de Pecino, además de en las tareas de producción, se plasmó en la firma de casi todas las letras de los temas de los primeros discos de José, incluida «Canastera», cuya música firmó su hijo Paco. El tema era de Camarón y fue un intento de crear un cante nuevo, de lo que el cantaor estaba particularmente orgulloso. Por ello, cercana su muerte, cuando se inició la polémica sobre la propiedad intelectual de su trabajo, el artista se deprimió bastante cuando supo que el tema no podía considerarlo suyo porque estaba registrado a nombre de otras personas. Así sucedía con casi toda su obra —sólo tenía a su nombre (y compartidos) veintisiete de los ciento sesenta y cuatro que grabó—, pero en el caso de «Canastera» era más grave porque, no estando muy satisfecho de la grabación, estaba particularmente contento de ese logro personal, algo que recordó a la prensa: «Si uno tiene oído y afición cada vez le gusta aprender más. Yo he hecho esto de «Canastera» que a mí me gusta mucho. Pero no lo he grabado bien, porque yo lo tengo en una cinta que es como está bien por como está de inspiración, como se sacó. Estaba Cepero delante y Paco de Lucía. Fue en el extranjero. Paco, ya lo sabemos que es un monstruo, y como yo me quedo con los tonos enseguida le dije: "Paco, hazme eso otra vez", y entonces yo lo hice a mi manera, con la música que yo creía que debía darle». Al final, «Canastera» —igual que la mayoría de sus canciones— quedó registrada a nombre de Antonio Sánchez Pecino, que la compartió con su hijo Paco.

Pero las relaciones entre Camarón y los Lucía se enturbiaron por cuestiones que empezaron antes del fallecimiento del cantaor. En aquel momento ya había habido un primer distanciamiento; sin embargo, cuando se cuestionó la legitimidad de la propiedad de los temas del de La Isla porque otros los tenían firmados a su nombre, la mayoría al de Antonio Sánchez Pecino, de su hijo Pepe de Lucía y también —pocos— al de su hijo Paco, ello contribuyó a agravar la situación. Lo que pueda haber de justo o injusto en ello entra dentro del terreno de las valoraciones personales. Pero es conveniente no olvidar los hechos concretos.

Aunque la carrera discográfica que poco a poco consiguió elevar al cantaor a los altares del flamenco no se inició con los Lucía; arranca en 1968 de la mano de Antonio Arenas, guitarrista que le propuso participar en un disco en el que intervendrían El Turronero, El Chato de La Isla, Tomás de Huelva, Gitana Amadora y para el que contaron con la participación de los guitarristas Manolo Heredia y el propio Arenas. El álbum, llamado *Flamencos. Grupo flamenco de Antonio Arenas* se registró en los estudios Regson de Madrid y en él Camarón grabó dos bulerías, unas soleares y unas alegrías. El disco salió ese mismo año, aunque al parecer la intención de Arenas, según aclaró él mismo, era editarlo en Alemania para Miller-International, aunque acabara saliendo en España en el sello DIM record. El trabajo llamó la atención y, gracias a la importancia que Camarón iba cobrando en el mundo del cante, motivó a la compañía a editar dos años después el resto del material con el nombre de *Flamenco. Grupo folclórico Antonio Arenas* también en DIM record, disco éste que, igual que el anterior, no reportó ningún beneficio económico ni a Camarón ni a ninguno de los artistas que intervinieron en él. La siguiente grabación realizada por el de La Isla se llevó a cabo en Alemania y también tuvo que ver con Antonio Arenas, ya que se hizo durante una gira realizada con su grupo, con el que José había ido a Caracas —ciudad en la que obtuvo el carnet de conducir— y donde, al parecer, se sintió bastante cómodo.

En el país germano, por iniciativa de los empresarios Lippman y Rau, una de las actuaciones de Camarón junto a El Lebrijano, María Vargas, El Tropicano, Orillo del Puerto, Paco de Lucía, Paco Cepero, Pepín Salazar y, al baile, Caraestaca, Faiquillo, Fajardo, Charo Cortez, Margarita y Luisa Romero se grabó allí en directo, publicándose en 1981 en España con el título de *Gran Festival Flamenco*. En Alemania se había hecho pública años atrás con el nombre I Festival Flamenco Gitano. El disco, que recoge el sonido de un público entusiasmado, incluía unos fandangos de Antonio *El Rubio* y El Gloria acompañados a la guitarra por Paco Cepero y es un trabajo impecable desde el punto de vista técnico. El texto de la portada del disco publicado en España está firmado por C. Salazar, que ya tenía cierta perspectiva porque, como recordamos, en España se editó en 1981 y él ya sabía quiénes eran y en qué se habían convertido sus protagonistas. Unas letras donde con cierta gracia aunque quizá con mucho énfasis Salazar se refería a los artistas participantes en el proyecto como «jóvenes maestros». «Entonces eran ya perfectos profesionales —en este país de avergonzante amateurismo— y no sólo ellos, también el magnífico cuadro que les acompaña. Insisto: perfectos profesionales que, frente a un público de alemanes curiosos y exaltados emigrantes, no dudaron en echarse "palante" y metérselo en el bolsillo con alguna rumba que hoy todos les perdonamos. Claro que por esos Kölns y Stuttgarts no se van a soltar a palo seco los tientos del Lebrijano, los fandangos de Camarón, esas bulerías de María Vargas (acompañada por un Cepero simplemente perfecto) y esos solos de Paco de Lucía que parecía un joven Domenico Scarlatti gaditano. En fin, hubo de todo y encima se grabó y aquí lo tienes. El tiempo lo hace brillar con ese viejo polvo dorado de nuestra música más autóctona y a la que tan mal tratamos.»

El siguiente disco, otra rareza, fue el que grabó el mismo grupo con Camarón incluido y acompañado por el gran guitarrista Sabicas, que regresó de su exilio americano y firmó como autor de todos los temas. Camarón lo consideró su primera grabación; lo editó RCA (Radio Corporation of America) bajo el título *Sabicas. La historia del flamenco.*

Pero la carrera discográfica de Camarón, que aquí no voy a relacionar en su integridad, cobra más relevancia a partir de las primeras grabaciones con Paco de Lucía. El primer trabajo fue realizado cuando el cantaor tenía dieciocho años y Paco veintiuno, los nombres de ambos artistas aparecen con el mismo tamaño en la portada con la leyenda «El Camarón de La Isla con la colaboración especial de Paco de Lucía» e incluía un tema que sería un tímido primer éxito comercial, unos tangos extremeños, «Detrás del tuyo se va». El resto eran tientos, soleares, alegrías, bulerías, siguiriyas y tarantos. Apenas aparecer, llamó la atención sobre todo en los círculos flamencos, algunas personas con un concepto un tanto conservador del género agudizado por el «mairenismo» imperante cuestionaron la pureza, la forma de cantar de Camarón, algo que atribuían al hecho de que el cantaor estuviera en Madrid —lo que para esas personas significaba estar lejos de las raíces— y también por darle ese aire absolutamente personal a todo lo que cantaba. Sin embargo, desde aquel momento y hasta la aparición de

Castillo de Arena, publicado en 1977, grabación que cierra esa etapa primordial de colaboración especial con Paco de Lucía, la figura del de La Isla dio un vuelco muy importante. Una trayectoria en la que convivieron el aprecio y la estima del público y del entorno flamenco con las críticas de algunos grupos muy conservadores —flamencólicos, diría el propio cantaor, que nunca estaban contentos con nada que supusiera innovar y romper esquemas, lo que Camarón ni se planteaba y a lo que no le daba muchas vueltas—. Para él cantar y hacer las cosas como las hacía era lo natural, como suele serlo para cualquier creador de verdad que sólo escucha lo que le dicta su talento y su sensibilidad. ¿Orgullo? Es posible. ¿Soberbia? No. Las críticas surgían de personas cuyo horizonte era mucho más pequeño que el suyo y a menudo obedecían a las militancias o luchas personales que suelen darse en todos los círculos por pequeños que sean por tener una parcela de poder desde la que lanzar sus invectivas. Estar en Madrid no tenía por qué hacer perder «la pureza» a nadie, algo que a veces, con una sorprendente candidez y en otras ocasiones con pura mala idea, afirmaban esos policías de la ortodoxia. ¿Qué es la pureza? ¿Quién la determina? Si tiene razón de ser ese adjetivo que tanto daño ha hecho a la evolución de cualquier arte, ¿dónde reside?; ¿se pierde por cambiar de ciudad? Aunque, como dije, afortunadamente, ello fue algo que al de La Isla le importó bastante poco. Su amor por el género y su talento natural le impedían perder el respeto por la tradición que él conocía a fondo y dominaba por haberla respirado desde niño: «No, no, no es eso. La pureza no se puede perder nunca cuando uno la lleva dentro de verdad. Lo único es que veo que la gente no comprende cómo canto. Mi manera de sentir todavía la gente no la ha entendido. Entonces yo no les echo cuenta. Yo voy a mi aire».

En la carrera del joven artista durante aquellos años en Madrid, que estuvo centrada básicamente en los tablaos y en las giras que hizo por Europa además de alguna por América, también hubo un lugar para el cine, lo que no es demasiado sabido por el gran público. Su intervención más importante en este terreno fue en la película titulada *Casa Flora*, protagonizada precisamente por Lola Flores y firmada por Ramón Fenández, cuyo tema interpretado por Camarón «Sere... serenito», se incluyó en la cara A del single publicado en 1973 por Philips *Caminito de Totana*. Antes, en 1964, el de La Isla ya había intervenido en la película de Rovira Beleta *El amor brujo*, con la que el director repitió la nominación para los Oscar de Hollywood que ya había obtenido por *Los Tarantos*. El artista, que en los títulos de crédito aparecía como Camarón, salía fugazmente en una toma tocando la guitarra. Los protagonistas, como es sabido, fueron Antonio Gades, La Polaca y Rafael de Córdoba. En *Casa Flora*, una comedia en la que también participaron Estrellita Castro y Conchita Márquez Piquer, el cantaor, Toni, en el filme hace un papel de raterillo junto al actor Pedro Mari Sánchez, un aficionado al flamenco. En un curioso paseo por Madrid subido a una moto de gran cilindrada Camarón canta «Sere... serenito» (tema que se hizo famoso en aquella época). La escena, muy graciosa, es bastante cándida; está mal filmada y es demasiado evidente que el cantaor, mientras canta, no va en la moto, algo que la poca pericia del director hace patente. Camarón, vestido con una chaqueta de cuero y un jersey rojo, canta la canción mientras levanta las manos, sonríe, le hace el signo de la victoria con las manos a su compañero de ruta y se mueve de un lado a otro. Al final se pierden los dos en la madrugada por una gran avenida madrileña recién regada.

Al cantaor isleño, recuerda Jesús Ojeda, el taxista madrileño con quien se movía a menudo por Madrid, le gustaba mucho rememorar esa escena de la película. «Siempre me recordaba esas imágenes. En realidad, en vez de ir en moto la toma la grabó montado en un carro y eso le hacía mucha gracia. Cada vez que se acordaba se reía muchísimo.» Ojeda insiste en la sencillez de Camarón, que ya entonces vivía instalado en una normalidad que lograba trasladar a cada uno de sus actos. «Era una persona muy sencilla; nunca le he visto "ronear" —es decir, alardear— de algo. Lo cierto es que se adaptaba muy bien a la gente humilde, con la que se sentía muy a gusto.» Ojeda recuerda detalles como que, después de pedir un filete en un restaurante, si no se lo terminaba era capaz de pedir que se lo envolvieran en papel de aluminio y llevárselo al hotel.

Se puede afirmar sin temor a equivocarse que esos años fueron en lo creativo, los mejores, una época en la que el arte y la voz poderosa y cargada de matices del cantaor explotó para sorpresa de todos los que no lo conocían, como quedó registrado en grabaciones memorables en un momento de su vida en la que juventud, bohemia, ilusión y también una relativa serenidad fueron el común denominador. ¿Cómo cantaba Camarón en aquella época? ¿Qué le hacía sobresalir de ese modo? ¿Qué es lo que hacía que los entendidos y los aficionados se volvieran —literalmente— locos oyéndolo? ¿El mito? No. Camarón no era aún el cantaor que, tras la publicación de *La leyenda del tiempo*, en 1979 y tras superar con olímpica brillantez los juicios de los sectores más conservadores que no dudaron en criticar ese trabajo, se dio a conocer al gran público; un público al que, el cante le había importado bastante poco pero que, tras escuchar a Camarón, dirigió la mirada y la sensibilidad al flamenco para descubrirse con respeto ante el de La Isla y ante un género que él actualizó e hizo, sin duda, más grande.

De la forma de interpretar de Camarón, que integraba influencias de todo tipo que él sabía asimilar y hacer suyas, destacó Caty Carreras: «Tercios cortos, ritmo, ritmo y ritmo, dominio del compás, contención de sentimientos, trabalenguas, especialísimos remates, golpes de emoción...». Una forma de cantar en la que la improvisación y los arrebatos de genio y de inspiración eran capaces de darle la vuelta a los temas para dejar, por sorprendentes, por inspirados, por auténticos, sin palabras a quienes lo escuchaban; un repertorio que, aún mostrando una querencia especial hacia los tangos y las alegrías, daba cabida a todos los palos del cante sin renunciar, en su modernidad, a su raíz, su hondura y a esa «pureza» que tanto le reclamaban algunos que, con el paso del tiempo, tuvieron que bajar las pistolas.

De sus características principales como cantaor hay que destacar sobre todo la emoción, la originalidad y una forma de hacer personal que no nacía de una voluntad preconcebida sino que tenía que ver con su talento natural. No había una búsqueda ni una voluntad de ser distinto; sencillamente lo era. La nueva estética de sus entonaciones, sus melismas —adornos vocálicos que consisten en aplicar varias notas musicales sucesivas sobre una misma sílaba— su gran capacidad para transmitir emociones eran diferentes. A ello hay que sumarle una gran facilidad donde el esfuerzo que —como aclara Humanes— en él era evidente y que incluso a su parecer le afectaba incluso físicamente, tenía una gran presencia; con la particularidad de que apenas se notaba. Su voz fluía natural como el manantial de un río que se abre y se recoge de forma mágica. Una garganta privilegiada con un metal que muchas personas no reconocen propiamente gitano que reunía un estilo, unos matices, un quejío que le daban una profundidad insólita.

En su primera época en Madrid no se apartó de sus amigos ni de su familia. En la capital, como ya dije, le acompañaban sus hermanos Manuel y Jesús y durante un tiempo su madre además de sus amigos y otros compañeros, cantaores, artistas y guitarristas, como Paco Cepero, con quien convivió en el apartamento de la calle O'Donell. Sus hermanos no tuvieron ni la fortuna ni el éxito de Camarón, al que desde el principio hubo que darle de comer aparte en el mundo del flamenco, pero sí contaban con evidente talento y honestidad. Que el de La Isla mantuviese esos lazos con sus amigos y su familia, aunque su madre a veces le echara de menos y le recriminara no tener noticias suyas durante mucho tiempo —algo que solucionaba con un afectuoso saludo y pocas palabras cuando bajaba a San Fernando— nos permite saber que su personalidad no era exactamente la que podía aventurarse al principio desde un conocimiento periférico o superficial.

¿Cómo era José por aquella época? Una persona muy sencilla, dulce, tímida y difícil de abordar, un hombre ensimismado con una sonrisa franca y transparente que utilizaba para hacer caer las defensas de quienes se acercaban a él como si fuera un muro inexpugnable; algo que los periodistas reconocían a menudo, admitiendo que intentar entrevistarlo o hablar con él les hacía sentir como si estuvieran atracando a alguien. Sin embargo, las personas de su entorno nos hablan de un hombre hablador, gracioso, dado a la broma y con una alegría y unas ganas de vivir que prendían como la pólvora y se hacían contagiosas. Un hombre amante de los niños, extraordinariamente sensible con los débiles o las personas necesitadas y, sobre todo, capaz de un entusiasmo desbordante.

Ése era el Camarón que conocieron entre otros Quino, Manolichi —tío de la que sería su mujer, La Chispa— y otros parientes y familiares. «Le conocí cuando vino por primera vez a La Línea, con Rancapino, a los quince años. Había entonces por aquí un tablao, El Brillante, que se inauguraba en la semana de la feria, donde iban a cantar Paco de Valdepeñas, Orillo del Puerto, Rancapino... A eso de las once de la mañana vino a buscarme Ranca —como él le llama familiarmente—. Era el primer domingo de feria. Me dijo: "Traigo conmigo a un gitanillo de San Fernando; está abajo en el patio". Me lo presentó, nos besamos, desayunamos y ya por la noche nos fuimos a trabajar. Yo le toqué por fandangos y por bulerías», recuerda Quino. Fermín, el dueño del tablao, se quejaba porque esos críos estaban toda la noche de juerga hasta las ocho de la mañana; aunque su compadre dice que era al revés. De los recuerdos de Joaquín sobre Camarón destacan su alegría de vivir, su vitalidad y entusiasmo y recuerda que una vez, en la feria, una noche que habían cenado y ya estaban un poco «a gustito», les hicieron una foto. «Él a menudo cogía la foto y decía: compadre, hay que ver lo feos que estábamos aquella noche.» Cada vez que este hombre serio y juicioso ve la instantánea no puede evitar reírse.

Del carácter del cantaor en la intimidad familiar también habla Manolichi, que le conoció antes de que él se enamorara de la que sería su mujer. Este hombre bonachón vendía lotes de ropa en Chiclana, donde trabó una amistad que conservó para siempre, por lo que el cantaor iba a su casa cuando podía; sobre todo en Nochebuena, a comer garbanzos con bacalao, la comida de los gitanos esa noche. «Con nosotros estaba muy cómodo. Yo, unos años después, le bauticé a su hija Rocío. Lo iba a hacer el torero José Mari Manzanares, pero al final La Chispa dijo que el padrino fuera yo.» Y recuerda que venía por la casa y se sentaba en una sillita infantil de anea y se ponía a cantar: «Era un hombre muy familiar y muy gracioso, con los niños y con la familia. Una vez mi hija le dio cinco duros para que cantara y le hizo tanta gracia que durante una semana, cada vez que venía, le cantaba a la niña». Y es que Camarón, a pesar de que huía de la gente y también de la fama, no podía evitar ser quién era y más allí, en su tierra; por eso a veces le caían del cielo compromisos no siempre agradables para alguien tan tímido y tan receloso de su intimidad, pero que por su forma de ser y por su voluntad, pues tenía una especial habilidad para no hacer algo cuando no quería, a menudo acababa aceptando. Manolichi explica cuando un gitano canastero, El Metales, cuya mujer estaba «preñada hasta la boca» le dijo que le pidiera al cantaor que le bautizara el niño. «"Pero si aún no ha nacido". El caso es que se lo comenté a José y como a aquel hombre le hacía tanta ilusión, cuando nació el niño fuimos los dos a buscarlo a casa y él se comprometió a hacerlo; y además luego corrió con los gastos.» En agradecimiento, El Metales, ya compadre del cantaor por haber sido el padrino de su hijo, solía ir bastante a su casa. «Ese gitano estaba siempre en las actuaciones en la primera fila, delante, con un bastón. Cuando alguien decía algo que no le gustaba, allí estaba él enseñando el palo», dice el tío de La Chispa. «Fíjate que una vez, en Ceuta —donde por desconcertante que parezca, antes que Camarón actuó el Dúo Sacapuntas, una pareja de supuestos humoristas de dudoso gusto— alguien hizo una guasa y su mujer, que estaba bien gorda, le arreó un guantazo», concluye entre risas este gitano orondo, de voz ronca y risa fácil que cuando habla de José no puede evitar que los ojos le brillen. Aquella vez, en Ceuta, Camarón no cantó bien porque tenía la voz tomada, como explica Candado. «Durante el viaje en barco —el artista le tenía pánico al avión y coger el barco para viajar le había puesto de buen humor— se puso a cantar como si fuera un tenor. Yo le decía: "Ya verás".» Ya sobre el escenario empezó, para aclararse la garganta, como hacía habitualmente, cantando por alegrías: «Verea del camino, fuente de piedra...», aunque se le notaba afónico. Luego dijo que iba a cantar un poquito por tangos, pero poco porque la voz no se le aclaraba. Al final se disculpó y dijo que iba a hacer unas bulerías y que si no salía bien volvería otro día y actuaría gratis.

De su carácter bromista y su afición por la guasa podría relatar buen número de anécdotas, de las que dan fe su familia, sus allegados, sus amigos y la gente que le trató y que le acompañó en su labor artística durante aquella época. Una de ellas la refiere Cepero, que acompañó a Camarón en las giras por Alemania, Inglaterra, Dinamarca, Suecia o Buenos Aires, donde a veces dormían en autobuses y cuyas actuaciones solían acabar con alguna fiesta en los locales de peña flamenca de la localidad por raro o exótico que fuera el lugar. Al parecer, después de una actuación, Paco de Lucía y el de La Isla le vaciaron a Cepero un bote entero de pegamento entre las piernas, jugada que el primer guitarrista de Camarón en Torres Bermejas acabaría devolviéndole a Paco, aunque después tuviera que quitarse el pegamento pelo a pelo con una cuchilla. Noches en las que Cepero, con algún trago y cuando se ponía triste les pedía a Paco y al de La Isla que le tocaran y que le cantaran porque se ponía a llorar echando de menos su tierra. «Yo le pedía a Camarón que me cantara "El barquito", un tema de Paco Alba, el mejor compositor de canciones de carnaval, que suelen ser tangos y pasodobles. Y él me decía: "Paco, pero cómo voy a cantarte eso...".»

En aquellos años en Madrid, el joven cantaor no sólo despertaba la admiración de los aficionados y de sus compañeros de oficio, sino también —como ya advertimos— de las mujeres, algo que el artista había mencionado en alguna ocasión refiriéndose sobre todo a su llegada a la capital: «Con diecisiete años era así, rubillo y apañaíto, no sé, pues es normal que tuviera chavalas que se quedaran y eso», señaló en su día. La relación más importante que mantuvo entonces fue con Mari Paz, de origen catalán y de buena familia, guapa, con un porte elegante bastante llamativo y dueña de unos hermosos y grandes ojos verdes que ayudó al artista y a sus hermanos en Madrid. De esa relación nació una niña, lo que se supo después de la muerte del cantaor, porque éste dispuso el reconocimiento de su paternidad en un testamento. La madre de la niña, Mari Paz, después de tener a la criatura se fue a Barcelona donde el cantaor pudo volver a verla alguna vez de forma ocasional, pero Mari Paz acabó perdiendo la noción de la realidad. La niña fue inscrita en Madrid con los apellidos de la madre y con el nombre de María José, y unos años después Camarón la reconoció legalmente dándole su apellido y el nombre de Juana, por su madre. De la chiquilla —de cuya existencia el cantaor informó a La Chispa antes de casarse— no se olvidaría nunca, mostrándose siempre inquieto y preocupado por su futuro. Sabía que su hija crecía bien, aunque su educación era más paya que gitana, que era lo que a él le hubiera gustado, según manifestó en alguna ocasión. Igual que refirió que para su gusto la veía demasiado moderna, lo que podía tener que ver con la tradición gitana, en algunas cuestiones más conservadora que la paya. Su hija, que ahora mantiene una relación cordial con La Chispa y con sus hermanos, es también beneficiaria de la quinta parte de los derechos de la pequeña parte de su obra que quedó registrada a nombre de su padre. La Chispa y Manuel —el hermano mayor del cantaor—, que conocían la voluntad de Camarón velaron por su cumplimiento.

Para Camarón, la mujer de su vida fue Dolores Montoya, conocida popularmente como *La Chispa*, razón de cuyo casamiento en 1976 con el cantaor se atribuyen muchas personas, entre ellas Rancapino: «A Camarón lo casé yo», dijo en alguna ocasión. Y aunque eso no es cierto y mientras no se demuestre lo contrario, a Camarón lo casó el cura, lo cierto es que el de Chiclana tuvo algo que ver en la historia de la pareja, cuando Dolores era una gitana de catorce años con unos hermosos y grandes ojos claros, de cintura estrecha y sonrisa alegre. Entonces Rancapino estaba interesado por una hermana de La Chispa y así fue como Camarón, que andaba con él por La Línea, la conoció y quedó enseguida impresionado por la belleza y la gracia de aquella adolescente. «Mira qué gitanita tan guapa», le dijo el cantaor a su compañero. Pronto Rancapino tuvo que olvidarse de su objetivo, mientras que el de La Isla se empecinó hasta conseguir lo que quería.

Manolichi recuerda que desde que la conoció fue yendo a La Línea a menudo para verla. El problema estaba en que el padre de Dolores, Diego, no estaba de acuerdo con la relación porque Camarón era artista y sabía lo que eso significaba. Además de que era consciente de que su hija era muy joven y de que había otras muchas gitanas con las que el cantaor podía casarse. Por entonces, Camarón y La Chispa se veían en la casa de Manolichi; Diego, el padre de Dolores, no entraba allí porque evitaba pasar por aquella calle. En esa casa había muerto su madre y tenía malos recuerdos. Otro sitio de reunión de la pareja era un coche, un Citroën Palax. La cuestión es que querían hacer las cosas bien, no querían «escaparse», lo que hubiera sido una forma de «obligar» a la familia a reconocer y a admitir la relación; pero Diego, su padre, no daba su brazo a torcer. Camarón había dicho a Diego que iba a llevar a su hermano Manuel para pedirla, y éste había contestado que no hacía falta, que no llevara a nadie. Una situación en la que entre otros medió Manolichi: «Yo hablé con él y le dije, van a escaparse y será peor». Por otro lado, Ramón Jiménez, *El Agüita*, otro tío de La Chispa, también intercedió por la pareja: «Mira, va a ser peor, porque al final te van a dar un guantazo sin manos», le decía al padre refiriéndose a la posibilidad de que acabaran escapándose los dos juntos. El caso es que al final Manuel, el hermano mayor, fue a hablar con Diego, que le puso no pocas pegas: «Tantas mujeres como conoce Camarón y va a fijarse en ella; y mi hija está en el colegio y no sabe guisar...». Al poco tiempo, Manuel volvió acompañado de su madre Juana, de María Paquera y Capricho. En la reunión también estuvo presente el suegro de Manuel, Pepe —*Chiquetete*— un gitano de respeto, que fue quien seguramente acabó por convencer a Diego Montoya, que empezaba a ver que la cosa estaba ya perdida y que no tenía más remedio que admitir la evidencia. «Mira —dijo Chiquetete— Manuel viene con mucha vergüenza a pedirte a la niña. Y si le dices que no, José se la lleva. Y luego no quiero reclamación ninguna.»

Aunque el hombre tardó varios días en responder, la cosa al final se arregló. En cuanto Camarón lo supo se hizo saber a su familia y a sus amigos y lo celebró durante seis días. «Estaba muy feliz; se le veía muy enamorado; fíjate que se despedía de La Chispa, que pensaba que tardaría varios días en volver y por la tarde estaba otra vez allí», dice Manolichi. Porque a partir de aquel momento él ya entraba y salía con libertad de la casa, algo por lo que había suspirado bastante y que le había traído no pocos quebraderos de cabeza. Aquel momento coincidió con la feria de La Línea y fue un verano en el que el cantaor, junto a Rancapino, El Pinto —bailaor y hermano de Panseco— y Paco de Valdepeñas hicieron muchas actuaciones por la zona.

Así, dieciséis meses después, tenía lugar el enlace, una celebración que incluyó como no podía ser de otra manera el ritual gitano, en el que las gitanas de más edad hacen a la novia la prueba de la virginidad de la que dan fe con un pañuelo blanco que muestran con felicidad ya ensangrentado. Un momento de júbilo en el que se pasea a los novios a hombros, se canta, se arrojan peladillas al aire y los hombres se parten la camisa. Una fiesta que, tras la ceremonia religiosa, concluyó con un banquete multitudinario celebrado en La Línea con invitados de todos los lugares de España y una juerga que duró más de tres días. De aquel matrimonio que duró dieciséis años nacieron sus hijos a los que la relación de entrega y cuidado de Dolores fue total y que para Camarón fue muy beneficiosa, ya que para él, como ya sabemos un hombre sencillo y muy familiar, su felicidad pasaba por estar tranquilo con su mujer y con sus hijos y disfrutar de las cosas que le hacían feliz: el cante y la huerta que tenía y que todavía hoy conserva la familia. Camarón tenía caballos —otra de sus aficiones— y allí se perdía con su guitarra y las personas con las que se encontraba bien. «Yo le hacía el compás en la mesa mientras él tocaba —explica el tío de La Chispa Ramón Jiménez—. Yo le hacía el compás en la mesa y le decía, venga, toca por soleares, por bulerías, por tangos...»

Hoy, Dolores Montoya, a pesar del paso del tiempo, aún conserva la serenidad y la belleza, pero en sus ojos se nota el peso de una pena. Cuatro años después de la muerte de su marido, aún vestía luto y aseguraba que —sin poder ni querer olvidar— el tiempo la iba curando. «Al principio me sentía muy mal, pero no quería que mis hijos y mi familia sufrieran por mí. Me ponía a llorar en cualquier rincón y cuando aparecía alguno de ellos intentaba cambiar la cara. Mi padre me decía: "No puedes seguir así, guardándotelo todo dentro, que te vas a poner mala". Y es verdad, me puse tan mala que no quería ver el día... Me tiré tres años sin reír, cuando yo siempre me reía. Y sí, el paso del tiempo te va curando, pero no te quita el recuerdo. Aunque al menos, eso sí, te ayuda a acostumbrarte a vivir sola. Yo era una persona que no le tenía miedo a nada, y ahora le tengo mucho miedo a la vida.» Ahora, casi diez años después, asegura que no está vencida. «No estoy derrotada; a veces el dolor me hace daño, los recuerdos...» Cuando habla de Camarón lo hace con pocas palabras pero claras y rotundas, fáciles de entender: «A José le gustaba mucho escuchar a todo el mundo, aunque luego siempre hacía lo que quería». Pero de pronto parece como si pasara página y vuelve a un presente adornado por sus hijos y sus nietos en el que no hay demasiado tiempo para aburrirse; en La Línea tiene su pequeño negocio y su hogar, donde su extensa familia y sus parientes y amigos son calurosamente atendidos.

El lugar, de dos plantas, no es un santuario, aunque en ella la huella del cantaor es evidente. Por eso en el piso de abajo, nada más entrar, al fondo, hay una estancia donde están guardados buena parte de los recuerdos del cantaor, sus discos, sus viejas cintas de casete, sus radios, fotografías, carteles promocionales, libros, guitarras y otros instrumentos musicales como el sitar hindú, pósteres, y la réplica de un BMW de 1935 miniatura que le compró a su hijo Luis y que no pudo conducir por las calles del pueblo porque, como llevaba motor, había que tener el carnet. El centro neurálgico de la casa es la entrada, en cuya puerta los niños juegan, adonde llegan gitanos procedentes de muchos lugares de España para retratarse llevándose la foto como si fuera un tesoro y donde es fácil conversar en un sofá en el que a menudo su hijo Luis toca la guitarra con evidente talento aunque eche de menos más tiempo para ensayar: «Ahora estoy con un grupo que hemos formado y preparo un disco. No será de flamenco puro, será algo más comercial, aunque claro que tendrá algo de flamenco», explica Luis.

Recién casado, algunas cosas cambiaron en la vida de José Monge. La primera supuso irse a vivir a La Línea, la siguiente tuvo que ver con cuestiones laborales, como el distanciamiento profesional que se produjo con Antonio Sánchez Pecino y con los Lucía. Tras su boda, sus compromisos profesionales continuaron, participando en diversos festivales y encuentros entre los que destaca una actuación en Madrid en la que actuaron grandes figuras del flamenco del momento, como Pansequito, El Lebrijano o Manuela Vargas o el IV Festival Rincón del Cante; otra en Córdoba, en homenaje a La Perrata, donde cantó ella misma, su hijo El Lebrijano, Fosforito, Manuela Carrasco y, por primera vez, Camarón acompañado por José Fernández Torres, *Tomatito,* al que conoció en la Taberna de Málaga, donde él había trabajado hacía más de diez años. Tomatito había nacido en 1958 en Almería rodeado de guitarras (su padre, también Tomate, era un buen tocaor y su tío era el legendario guitarrista Niño Miguel) y a la edad de doce años se desplazó a Málaga para iniciar una carrera artística con Camarón que duraría muchos años.

Al poco, su trabajo grabado en 1976 y que apareció en el mercado en 1977, *Castillo de arena* —tras *Arte y Majestad* (1975) y *Rosa-*

maría (1976), dos notables éxitos, sobre todo este último— cerró tras una etapa clave en su carrera y por el momento significó el cese del trabajo discográfico con Paco de Lucía y el final de la colaboración de Ramón de Algeciras. Al menos en un estudio, dándose la circunstancia de que ésta fue la primera vez que Camarón firmó un tema, una bulería que llevó por título «Samara», canción compartida con Antonio Sánchez Pecino, que firmaría el resto de los temas. A ese trabajo le seguiría un año alejado de los estudios en el que Camarón continuó con sus recitales aunque más centrado en la vida familiar. Su reaparición discográfica se reanudaría en 1979 con la publicación de *La leyenda del tiempo,* un disco destinado a hacer historia en el flamenco y que algunas personas han considerado el disco más importante del género en el último cuarto de siglo. Curiosamente fue un contundente fracaso comercial, por lo que cuesta entender que un disco que a la muerte de José sólo había vendido poco más de cinco mil ejemplares tuviera el impacto que tuvo en su día y que, hasta hoy, haya sido considerado como dije el disco de flamenco más importante cuando menos de los últimos veinticinco años. Es un fenómeno extraño y desconcertante, quizá tanto como la historia de este proyecto, algo que veremos enseguida. Lo innegable es que *La leyenda del tiempo* supuso un antes y un después en la carrera del cantaor, que por primera vez aparece en el disco como Camarón prescindiendo «de La Isla» que constaba en todos sus trabajos anteriores y que aparecía por primera vez con barba —una foto sin firmar de Mario Pacheco— que adoptarían muchos de sus seguidores y admiradores, en la carátula del disco, y también en el rumbo que tomó el género a partir de entonces.

Una de las características de este disco fue el compromiso de Camarón a abrirse a nuevos sonidos como el pop o la salsa y a colaborar con músicos de otros géneros como el rock o el jazz, dejando tras de sí una puerta abierta llena de posibilidades, lo que sería esencial para el rumbo del flamenco contemporáneo. A partir de este trabajo (producido por Ricardo Pachón y en el que Tomatito tuvo un notable protagonismo), el público comenzó a ver el género de otra manera, dando además el pistoletazo de salida para que otros músicos, gitanos o no, siguieran su pista. Algunos críticos avezados hallaron un antecedente al nuevo trabajo de Camarón en los adalides del nuevo rock andaluz, grupos como Triana, Alameda o Guadalquivir, aunque el cantaor siempre creyó —y seguramente con acierto— que el trabajo de esos grupos podría calificarse más de rock-flamenco.

La leyenda del tiempo, como señaló en su día Pachón, iba a ser una obra escrita íntegramente por Manuel Molina, el marido y compañero artístico de Lole. Para ello, el de La Isla se desplazó con La Chispa a la casa de la pareja a empezar a trabajar. Sin embargo, un asunto doméstico sin importancia truncó la participación de Manuel. Pachón lo cuenta recordando que Camarón y La Chispa llamaron a su casa una mañana para decirle que no había disco. «Me acuerdo, sentado a las ocho de la mañana con Camarón y preguntándonos qué ibamos a hacer. Y entonces, con toda la vergüenza del mundo, le canté unas cositas de Lorca que tenía ahí. Y él era tan generoso, era tan..., no sé cómo explicarlo, que me dice: "Oye, cántamelo otra vez". Yo sudaba. Y al final salió 'La real leyenda del tiempo', el 'Romance del Amargo'..., fueron saliendo los temas. Se incorporaron Pata Negra, Juan el Camas; llegaron Alameda, Kiko Veneno. Nos fuimos a Madrid con la idea de que íbamos a hacer algo raro y revolucionario.» Tanto fue así que Tomatito, llegado a Sevilla para preparar el trabajo con el equipo de Pachón —que finalmente iniciaron en Umbrete— con la responsabilidad de grabar su primer disco con Camarón y además de sustituir a Paco de Lucía, cuando escuchó los temas que iban a incluirse en el disco —también incluyeron textos de otros poetas como Omar Kayam y Fernando Villalón— dijo con su franqueza habitual: "¿Y esto es lo que vamos a grabar?" Claro, cuando yo escuché a Kiko Veneno, con esa vocecilla, cantando los temas, me quedé helado. No me lo podía creer. Yo no hacía nada más que pensar lo que iba a decir mi gente, que estaba deseando escucharme con Camarón en disco, cuando escuchara aquello. Y se lo decía a José: "¿Pero cómo vamos a grabar esto?" ¿Esto qué es? Y él, muy tranquilo, me contestaba: "No te preocupes. Ya verás cuando lo cante yo como suena a flamenco"», recuerda Tomatito.

La grabación no tuvo nada que ver con las anteriores; duró más de un mes en un ambiente relajado y psicodélico que los técnicos no acababan de entender. La improvisación unida al talento, a la inspiración, a la actitud bohemia y al momento especial en la vida y en las carreras musicales de sus protagonistas, acabaría dando forma al disco y contribuyendo de forma decisiva a convertirse en lo que fue: un paso adelante muy significativo para el género, una apertura de nuevos horizontes musicales y la conquista de un público más amplio que nunca se había sentido llamado por el género y que, de pronto, se acercó a él con respeto y atención.

La canción que abría el disco y que dio título al trabajo es una bulería en cuyo estribillo aparece una voz femenina acompañando la de Camarón donde, con un ritmo hipnótico y envolvente la poesía de Lorca llega con una fuerza estremecedora. Los versos del poeta granadino vuelven a aparecer en el tema siguiente, otra bulería, esta vez por soleá, a la que le sigue un aire también por bulerías. El tema lo compusieron Kiko Veneno y Ricardo Pachón y el punto final es tan sólo el de una batería, algo que en aquel momento algunos consideraron un atrevimiento casi imperdonable. El resto de los temas, «Mi niña se fue a la mar», cantiñas, «La tarara», letra popular que concluye en taranto, el famosísimo y sensual «Volando voy» de Kiko Veneno, las alegrías «Bahía de Cádiz», de nuevo la bulería en «Viejo mundo» y los «Tangos de la sultana». El disco se cierra con la vibrante y doliente «Nana del caballo grande» —que sonó en Radio San Fernando apenas se supo la muerte de Camarón y que hizo llorar a muchos, entre otros a su amigo Lolo Picardo—. En el tema se aprecia el sitar de Gualberto y la voz doliente del artista isleño corta como una espada. Dice Gualberto: «No pudimos ensayar nada, me fui a Madrid, él se tomó una botella de agua y yo una cerveza con un bocadillo de chorizo porque estaba desmayado del viaje. La grabamos en directo, los dos frente a frente, y fue muy natural. Salió a la primera, ni repeticiones ni nada. Había mucha gente en el estudio, pero Camarón estaba muy concentrado, se cuidaba mucho en esa época». La «Nana del caballo grande» volvería a grabarse diez años más tarde por la Royal Philarmonic Orchestra.

Dos años más tarde, tras el éxito artístico de *La leyenda del tiempo* y a punto de salir *Como el agua,* un acústico en el que Camarón volvía a reunirse en un estudio con Paco de Lucía, la década de los ochenta supone para el cantaor una etapa de luces y sombras.

La claridad vino de la mano de su trabajo artístico, y su repercusión en los medios de comunicación y un público nuevo y cada vez más amplio: ello se materializó en conciertos, festivales y actuaciones exitosas y a veces polémicas. Para evaluar la magnitud de la figura del artista, entonces vale la pena destacar que en el Frontón de Madrid, Camarón había tenido un «mano a mano» con Enrique Morente del que los medios de comunicación informaron a conveniencia y recibido un millón de pesetas por gala.

Las sombras tenían que ver con la incipiente adicción del cantaor a la heroína. Según Humanes, la primera vez que Camarón consumió el opiáceo fue en la sala Sambrasil de Madrid, en 1981.

III

NIEVE

Entre 1975 y 1979 Candado ya había bajado varias veces a Andalucía para ver a Camarón. «Yo iba los festivales cada vez que podía y lo había visto actuar en los que se celebran en agosto. Lo veía y lo saludaba. "Ahí está Candado, el de Barcelona", decían. Y entraba al camerino, donde hablábamos mientras esperaba su actuación; después él se iba con sus acompañantes. Yo le decía: "La semana que viene nos vemos en Dos Hermanas", "¿Tú qué estás, en Dos Hermanas?" me decía él. "No —contestaba yo— pero sé por la guía flamenca que tú estarás allá."» Candado cuenta que las impresiones que había tenido cuando lo conoció se iban confirmando: «Yo veía entonces a un hombre desamparado, que necesitaba ayuda; una persona sensible, de vuelta casi de todo».

Poco tiempo después, la Casa de Andalucía de Santa Coloma organizó un Festival Flamenco en el recién inaugurado polideportivo de la ciudad donde entre otros artistas participó Camarón. En la actuación se produjo una anécdota que, vista con el tiempo, tiene cierta gracia —aunque al Manuel Mancheño Peña, un especialista en cantes festeros muy en alza en aquella época y conocido como *El Turronero* no le hizo mucha— y que aclara la percepción que desde el principio tuvieron de Candado algunas personas de la periferia del cantaor (no la familia ni sus verdaderos amigos), algo que vino motivado por la desconfianza, la ignorancia y la envidia, a lo que este hombre de Santa Coloma se acostumbró y siempre le importó poco.

Su amistad con Camarón fue algo tan sólido como aparentemente inexplicable para quienes no hayan conocido a estas dos personas.

Al festival de Santa Coloma, donde actuaba también El Turronero, acudieron un buen número de gitanos de Sabadell, porque el padre del entonces jovencísimo —tendría siete u ocho años— cantaor Duquende *(Camaroncillo de Sabadell)* quería pedirle a Camarón que sacara al chiquillo a cantar alguna cosa con él, algo relativamente habitual en el mundo del flamenco. El problema era que el de La Isla cerraba el espectáculo y no era el mejor momento para sacar a cantar al niño. Explica Candado: «José comentó: "¿Cómo voy a sacar al niño si cierro el espectáculo?". Y me dijo que hablara con El Turronero, que en aquel momento estaba en lo más alto de su carrera para que él cerrara el espectáculo y José pudiera sacar al niño». Candado le dijo al Turronero que había ido el padre de Duquende —un gitano viejo— y un grupo de gitanos de Sabadell que habían comprado las primeras filas porque querían que Camarón sacara a cantar al niño. «Me ha dicho él mismo que te lo pida porque a él se lo ha pedido el padre, un gitano viejo y hombre de respeto. A José le sabe mal pedir estos favores, pero me ha dicho que te lo diga.» Al Turronero le pareció muy bien cerrar el espectáculo, algo equivalente a cerrarlo como figura. La organización no se mostró muy de acuerdo: a menudo, después de que cantara José, los rezagados ya no entraban y otros muchos se iban. Sin embargo, la cuestión se acordó así. Llegado el momento y con la guitarra Ramírez de clavijero de palo de Manuel Montero que Candado tenía en casa, Camarón salió a cantar. Él mismo tocó para el niño, que cantó tres fandangos de los suyos y que formó el alboroto porque lo hizo muy bien, y el cantaor de La Isla se quedó para concluir su actuación. Lo gracioso del asunto comenzó cuando El Turronero, que se las prometía muy felices cerrando como estrella el evento, salió a cantar. Camarón y Candado estaban detrás del escenario y de pronto El Turronero empezó a mirarles. Había empezado la actuación y al poco de iniciarse los primeros acordes, la gente, sobre todo los gitanos de las primeras filas, apenas escuchaban. «Le decían: "Pero vete ya, que cante el niño". Turronero miraba hacia atrás buscándonos, como diciendo, como os agarre os liquido. Recuerdo que José nos decía: "Mira, mira cómo nos mira Manuel...".» El caso es que visto el cariz que estaban tomando los acontecimientos fueron a hablar con los organizadores para que les pagaran y, en vista de la que le estaba cayendo al Turronero, se fueron. Luego, al parecer, los gitanos dijeron que «la culpa es del gachó ese que va con Camarón, que la ha liado».

En 1981, Candado habló con Rancapino: «José está mal, no quiere salir de casa, no quiere actuar, no quiere trabajar», le dijo el de Chiclana. «Mira, voy a intentar arreglarle algo por Barcelona», contestó Candado. Candado ya había advertido en Camarón una actitud un poco huidiza porque empezaba a tener problemas por su adicción y porque el mundo que le rodeaba era el de la pillería que rodea a los artistas. Rancapino le recordaba al de Santa Coloma: «A ti te aprecia y te hace caso». Candado intentó que Camarón volviera a ir a Barcelona, lejos del ambiente que le rodeaba y donde el cantaor estaba cómodo. También habló con Victor Jou, dueño de la sala Zeleste de Barcelona, para que Camarón actuara, si era posible, con Paco de Lucía, de quien estaba distanciado. «Yo tenía amistad con Jou, que quería seguir haciendo algo de flamenco y ya había traído a Lole y Manuel, a Paco de Lucía y a los Montoya. "¿Te interesa?" Y dijo que sí. Luego me puse en contacto con Paco y él me dijo que donde iba él iba su grupo. Le recordé que Camarón no estaba bien y que le vendría bien hacer algo juntos, pero el de Algeciras no lo veía claro. Después le comenté la posibilidad de que viniera Camarón con Tomatito y él con su grupo; actuarían cada uno por su lado y luego celebrarían un fin de fiesta juntos, pero al final eso no se hizo por problemas de fechas.» Se acordó que vinieran el de La Isla con Tomatito, algo que Jou quería aprovechar para que los dos participaran en el programa Musical Exprés que entonces dirigía Angel Casas, pero tampoco fue posible. Al final convinieron que les acompañara Rancapino y que hiciera de telonero, un papel un poco antipático porque nadie quería actuar antes que Camarón, a pesar que el de Chiclana era y sigue siendo un gran cantaor.

Poco antes de actuar los tres días en la sala Zeleste, Camarón había viajado a la capital catalana para participar en el Festival de Flamenco, donde el orden de las actuaciones previstas en el programa se alteró y donde el gaditano actuó en penúltimo lugar. La actuación, según el comentario que Luis Ángel Fernández Hermana firmó en *El Periódico de Catalunya* fue soberbia —el titular rezaba «Camarón dice que la bulería es lo más difícil y lo demuestra»— aunque en él se hacía referencia a la brevedad de su actuación y a la «frágil y castigada humanidad del maestro». La vuelta a Barcelona del de La Isla supuso un nuevo avance en su amistad con Candado; Camarón y Rancapino durmieron en su casa y tuvieron ocasión de charlar, divertirse y bromear sobre el cantaor de Chiclana. «Una noche estábamos jugando a cartas y nos pusimos a hacer rabiar a Rancapino; José y yo nos pasábamos las cartas para que el otro se enfadara y perdiera» recuerda Candado. Durante esos tres días, su impresión y la de Isabel, su mujer, fue la misma: «Lo vimos desprotegido, necesitado de ayuda. Cuando él se despidió me dijo: "A ver si me vengo unos días aquí contigo cuando termine mis contratos..."». Sin duda cada uno dejó huella en el otro, lo que Candado atribuye a las cosas que tenían en común y en que su relación era totalmente distinta a la que tenía con la gente que normalmente le rodeaba.

Haberse convertido desde muy joven en un profesional del cante, con lo que ello conllevaba, fue para Camarón un arma de doble filo. Si bien le había permitido vivir de su trabajo y darse a conocer, también le supuso entrar en una vorágine comercial muy exigente y no siempre rentable. Es cierto que en aquella época, por actuar en el Festival Flamenco de La Caixa de Barcelona, por ejemplo, el cantaor había llegado a cobrar un millón de pesetas por gala, pero Camarón no estaba siempre tan bien pagado. Vivía sobre todo de los festivales de verano de Andalucía, donde, por cuestiones obvias, no se le podía pagar de forma tan generosa: «Claro, un festival son ochenta y siete mil pesetas, se llevan el tanto por ciento y se sacan gastos, y te quedan diez mil duros. ¿Tú te crees que eso es dinero para mí? En invierno, nada. En invierno, hay que esperar las canales, que no veas cómo son. Mucho nombre, mucho ruido y la gente ve eso y nada más».

Camarón fue más contundente en sus declaraciones sobre las compañías de discos, por las que el cantaor no se sintió bien tratado, algo que no personalizaba en él sino que lo hacía extensivo a ese mundillo y a los empresarios del flamenco. A algunos de ellos los culparía de la «leyenda negra» que le acompañó durante toda su carrera, a lo que contribuyeron sus supuestas «espantás».

Las mencionadas «espantás», es decir, de tener comprometida una gala y no acudir, hacía que algunas personas vieran en él a alguien informal y poco fiable al contratarlo. Y esa forma de actuar de los empresarios u organizadores tuvo un curioso y simpático precedente en su propio entorno familiar. En realidad es fácil de entender; pero más allá de la anécdota, la cuestión tiene un valor simbólico que quizá ayude a comprender lo que, a gran escala, pasaría después. De ello habla Manolichi, que cuenta cómo una vez, a mitad de la década de los setenta, él y Diego, el padre de la Chispa, pusieron una caseta en la feria de La Línea. «La cosa iba mal, teníamos a varios artistas actuando allí, pero perdíamos dinero y empezábamos a tener una deuda de casi un millón de pesetas.» Para solucionarlo, los improvisados empresarios tuvieron la feliz idea de poner carteles por todo el pueblo anunciando que esa misma noche Camarón y Pansequito iban a actuar en la caseta; el problema es que ninguno de los dos cantaores sabía nada del el tema. A las diez de la noche y con la caseta abarrotada de público, ninguno de los dos artistas daba señales de vida, algo que empezaba a inquietar al público. «A Camarón lo tuvimos que ir a sacar de la cama y a Pansequito tuvimos que ir a buscarlo a Marbella porque estaba actuando en La Pagoda», explica Manolichi. «Al final hicimos dinero, pero no les pagamos a ninguno. A José le dimos una rueda de churros y al otro pan y aceite. Y ganamos para pagarles a todos, pero como eran familia...» Aquello, no fue una «espantá», pero de haberlo sido, ¿a quién hubiera habido que echarle la culpa? ¿A los artistas? Desgraciadamente eso se repetiría a lo largo de su carrera. Por desgracia, no siempre en escenarios como una caseta de feria y con su familia.

Sobre su falta a algunos compromisos que fueron bastantes menos de los que se dicen y que casi siempre estuvieron justificados, Camarón dio su punto de vista ante los medios de comunicación: «Yo nunca doy una "espantá" así porque sí. La culpa la tienen los empresarios que te echan el toro por delante y después, una vez que estás ahí, se desentienden, y claro, eso no puede ser; yo, al menos, no lo tolero. No se puede decir a un artista "vete a Barcelona" y punto, porque vamos a ver: ¿cómo llego yo a Barcelona? ¿Y si resulta que llego a Barcelona y no hay nadie esperándome? ¿Qué demonios hago entonces?». Y es que, a menudo, supuestos negociantes o personas que se consideraban con derecho a representar al cantaor vendían galas por su cuenta sin contar con el propio artista ni negociar con él las condiciones, por lo que luego él no quería saber nada del asunto. Camarón despertaba un gran interés y daba dinero a los organizadores de los conciertos y a las personas que ejercían de managers improvisados, lo que estimulaba esa atípica representación artística que a menudo acababa mal. Esos hechos eran a menudo amplificados por los medios de comunicación, contribuyendo a su «leyenda negra».

Para Camarón el flamenco era una forma de vida y lo que de verdad le llenaba era estar tranquilo, con su familia y lejos del bullicio propio de la fama a que se iba viendo abocado. A veces se le hacía duro desplazarse y afrontar algunas galas o actuaciones, y más si las condiciones no eran las adecuadas. La profesionalización del flamenco exigía que un cantaor estuviera siempre dispuesto a cantar y que además lo hiciera en perfectas condiciones, como un disco. ¿Se le puede pedir eso a un verdadero creador? Lo cierto es que Camarón afrontó con profesionalidad su carrera y si a veces no cumplió con algunos de sus compromisos ello sucedió prácticamente siempre por causas ajenas a él mismo.

Pero los medios de comunicación, que recogían en sus páginas con profusión de datos estos hechos, no iban más allá ni solían completar la información, lo que hubiera dado una visión más justa de lo ocurrido. Sirve como ejemplo que el 17 de marzo de 1984, el cantaor tuviera que suspender su actuación en el teatro Alcalá

Palace de Madrid porque había muerto su hermano Juan Luis; algo que en principio el público y los medios no creyeron atribuyéndolo a una de sus «espantás».

Otro de estos sucesos que trascendió a la prensa tuvo lugar el 1 de julio de 1990 en Granada. Camarón estaba invitado a participar en el Festival Internacional de Música y Danza de la ciudad que debía de haber tenido lugar en el Palacio de Carlos V, pero el artista no se presentó hasta la una de la madrugada. La organización tuvo que devolver el importe de las entradas a los más de dos mil espectadores que se dieron cita en el recinto. Sobre este incidente hay que destacar que la prensa de Granada no estuvo muy fina, porque el día siguiente de la supuesta actuación del cantaor, *El Ideal* reseñaba en una crónica cómo Camarón de La Isla y Tomatito habían traído al festival «aires de Andalucía», indicando que la pareja de artistas «hicieron de la noche un tablao flamenco en el marco árabe de la Alhambra». Aunque, anécdotas aparte, lo cierto es que la directora del evento, Mari Carmen Palma, a la 1:30 de la madrugada y después de la actuación en solitario de Tomatito, demandó ante el juzgado de guardia al cantaor. Cuarenta y ocho horas después de lo sucedido, la directora del acto aseguraba que ni el manager ni el artista se habían puesto en contacto con ella para explicar lo sucedido, aunque el periódico decía que cuando se puso la denuncia aquella misma noche el cantaor ya había llegado. ¿Es creíble que no se hubieran puesto en contacto con ella en aquel mismo momento? Lo que no trascendió fue que durante el viaje, La Chispa, que estaba embarazada, tuvo que bajarse del coche varias veces porque se mareaba, lo que retrasó la llegada del artista, según recuerda Candado. Aunque estas cosas, que les suceden a todos los artistas, en el caso de Camarón tenían un eco y una trascendencia mucho mayor.

Ya en plena década de los ochenta y a pesar de que los rumores sobre la adicción a las drogas de Camarón, que se relacionaba a menudo con sus «espantás», el artista tuvo un intenso trabajo discográfico. Grabó en 1983 *Calle Real* y en 1984 *Viviré*, cuyo título hacía referencia a los rumores sobre su salud, y en 1986 y con Antonio Humanes como coautor de todos los temas y productor *Te lo dice Camarón*, título sobre el que abundaron los chistes fáciles como que el disco se hubiera debido titular «Te lo dice Humanes», por su peso en el álbum. Técnicamente no fue gran cosa, el mismo Humanes explica que el disco salió sin estar terminado y que con él «pasó la de Dios» porque su producción fue difícil y problemática: «Nos tuvimos que ir para Cádiz y Camarón dijo: "Ya está hecho. Saca el disco así."» Y lo cierto es que estaba sin mezclar. Aquel no era un buen momento para Camarón porque su hija, Rocío, se puso enferma y tuvo que ingresar en el hospital Gregorio Marañón de Madrid, donde no le dejaron entrar; después de discutir con los porteros y con la policía sacó a la niña de allí y la llevó al hospital de San Rafael. Por si fuera poco, su madre, también ingresada, murió. «Sabíamos que estaba mal e íbamos llamando para ver cómo seguía, al final nos dijeron que había muerto», explica Humanes. «Le pedimos un coche a Marisol, que por aquella época tenía bastante amistad con Camarón, y nos fuimos a San Fernando, por eso Camarón me dijo: "Esto ya está hecho; saca el disco así".» El cantaor, aunque se lo esperaba, se impresionó mucho pero no se puso luto, algo muy difícil para un artista. Lo cierto es que Humanes lo pasó mal con aquel disco: «Yo tenía que ir a buscarlo para ir a cantar; él no quería. En aquella época estaba desquiciado».

Además de su estado de ánimo y su adicción a las drogas, los problemas físicos también hicieron aparición. José tuvo que arreglarse la dentatura, proceso laborioso y complicado que, además de costarle mucho dinero, hizo que estuviera muchos tiempo sin poder actuar con lo que ello suponía. Después sufrió una parálisis de la que le curó el doctor Nur. Los altibajos de la salud del cantaor, a los que daba respuesta en *Viviré* eran evidentes. Pero más allá de las cuestiones puramente relacionadas con su estado físico, sus desarreglos tenían más que ver con su estado de ánimo, con aspectos relacionados con su adicción, algo que hizo mella en su personalidad y en su forma de ver la vida, haciendo de Camarón un hombre que mostraba su lado más triste y ensimismado. Y teniendo Camarón una sensibilidad tan impalpable, la ilusión por la vida que siempre había tenido —sin añadir metafísica de segunda o tercera mano— convivía con un fondo de tristeza que suele acompañar a todo creador y a toda persona que se zambulle en sus propias emociones. «El flamenco es un cante de gente pobre porque es un cante triste», había declarado a la prensa. Y eso era algo que sus allegados más perspicaces veían con claridad. «En la época en que se grabó *Viviré,* José había cambiado ya mucho. No en lo esencial aunque algunos rasgos de su personalidad se acentuaron. Se volvió más apático, más cerrado con la gente, más triste. Siempre había sido tímido, pero ahora lo era más. La gente le molestaba y rehuía su contacto», señala Humanes.

El hecho de que el amigo y coautor de *Te lo dice Camarón* observara que el de La Isla «empezara a descuidar un poco su aspecto» era sintomático y preocupante. El cantaor siempre había cuidado mucho de su imagen, haciendo gala de una coquetería poco habitual y menos aún en el mundo del flamenco. Ya de niño vale la pena recordar la chaquetilla que vestía, nada común en los críos de entonces. Quienes le recuerdan hablan del cuidado que tenía por su apariencia física, a lo que ayudaba ser un niño rubio y agraciado.

Algunos años después, ya en Madrid, los trajes que le enviaba su hermano Manuel por el Talgo o los que le confeccionaba Julito, un sastre de Madrid, también era característico del cantaor. De ello da noticia una foto realizada por Pérez de León en los inicios de su carrera artística en Madrid. En ella se puede apreciar a Camarón, a los dieciocho años, con un traje impecable, con un pañuelo doblado en el bolsillo a juego con la corbata y el abundante peinado hacia atrás que le hace parecer rockero.

Ese cuidado por su imagen duraría siempre, aunque los altibajos relacionados con su salud y con su estado de ánimo a veces se hicieran palpables. De su preocupación por su aspecto habla Claudia

Angulo, peluquera y estilista de Santa Coloma de Gramanet, que conoció al artista en 1985 y que se ocupó varias veces de su imagen; la prensa la llamó «la peluquera de Camarón». Claudia explica que al cantaor lo que le gustaba era el cabello largo, donde destacara su rizo natural, eso le daba seguridad, aunque el flequillo le molestaba mucho. ¿Podía tener algo que ver esto con su timidez? No es absurdo pensarlo.

Unos años más tarde, el cantaor se desplazó a Lérida para participar en un festival flamenco organizado por la Asociación Cultural Gitana de Lérida en el pabellón de los Camps Elisis de la ciudad el 22 de julio de 1989. Entonces su salud ya no era buena, pero seguía manteniendo la preocupación por su imagen: «Me dijo que me fuera con él y que me llevara las tijeras para arreglarle un poco el flequillo, que le molestaba mucho. Pero yo, con las prisas y con los nervios, me olvidé las tijeras. El caso es que al final una periodista fue a su casa a buscar unas tijeras mientras esperaba que llegara el cantaor y al final se lo pude arreglar», explica Claudia.

A pesar de que el cantaor seguiría siempre preocupado por su imagen sin descuidar la colonia de niño que a él le gustaba usar, con el tiempo, y como decía Humanes, algo fue cambiando en él. Este hecho lo avalan las palabras de su amigo José Rebujina que, por aquella época, comenta que a veces coincidían en Cádiz e iban a la playa. «Me llamaba la atención que él ni se desnudaba ni se quitaba las botas. Se ponía bajo una palmera. Yo le decía: "Anda, ponte el bañador". Y él decía: "No, que me da vergüenza".» Especular sobre lo que hubiera pensado él sobre el hecho de que, cuatro años después de su muerte, correos pusiera en circulación un sello con su imagen es absurdo, pero parece probable que le hubiera hecho bastante gracia.

Durante esta década algunos sucesos hicieron que Camarón apareciera en los medios de comunicación, pero no tuvieron mucha repercusión en su imagen (como de forma justa o no suele pasar con los artistas queridos por el público que justifican su popularidad en su talento), ya que además no tenían que ver con cuestiones artísticas ni con su salud o con las especulaciones sobre la misma.

El primero de ellos tuvo lugar el 17 de octubre de 1986 y de ellos daba cuenta *El País,* que el día siguiente y de un modo discreto y nada sensacionalista, con el titular que rezaba «Camarón de La Isla, herido grave en accidente de tráfico», recogía en sus páginas: «José Monge Cruz, Camarón de La Isla, cantaor de flamenco, resultó herido de gravedad ayer, en un accidente de tráfico, cuando su vehículo, tipo Land Rover, chocó frontalmente con dos turismos, cuyos conductores murieron. El suceso se produjo a las tres de la tarde en el kilómetro 0,750 de la carretera N-340, Cádiz-Barcelona, en el término municipal de Chiclana de la Frontera (Cádiz). Resultaron con lesiones de distinta gravedad la esposa y los hijos de Camarón de La Isla. El pronóstico de Camarón, según el primer informe médico del hospital de la Seguridad Social de Cádiz, era menos grave. Su esposa, Dolores Montoya, grave, igual que sus hijas Gema, de cinco años, y Rocío, de dos. Su hijo Juan Luis, de siete, leve».

El hecho, además de dejar en su rostro una nariz achatada que le acompañaría para siempre, tendría consecuencias posteriores. Años después, el 10 de marzo de 1990, era condenado a un año de prisión por la Audiencia Provincial de Cádiz, suspensión de carnet de conducir, inhabilitación para ejercer cargo público y el derecho al voto al considerarle autor de un delito de imprudencia temeraria con resultado de muerte; aunque, como no tenía antecedentes penales, no pisó la cárcel. Los jueces consideraron que Camarón conducía distraído y en el juicio no aceptaron el argumento de la defensa, que aducía que el artista llevaba un coche nuevo y el vehículo le hizo algo extraño, rechazando de plano lo que algunos medios y la acusación le recriminaban: conducir bajo los efectos del alcohol y la droga. Camarón decidió no recurrir ante el Tribunal Supremo; la sentencia no apreciaba intencionalidad y el recurso no hizo falta. Un par de semanas después de que trascendiera la sentencia, ésta era suspendida por las mismas autoridades que la habían dictado, valorando además de la falta de intencionalidad, la carencia de antecedentes penales del cantaor.

Aunque Camarón sí pisó la cárcel. Y precisamente en su ciudad, lo que le dolió mucho precisamente por eso. El cantaor siempre tuvo la sensación de que aquello sólo le podía pasar en su ciudad natal y no en otro sitio. Del hecho dio noticia, con un tratamiento sensacionalista *El Periódico de Catalunya*, que el 30 de agosto de 1988, con una foto en cuyo pie se podía leer «Camarón de La Isla, un artista polémico en el escenario y fuera de él», «Camarón amenaza con "rajar" a un guardia y es encarcelado», «El artista aparcó el coche en una zona prohibida». Lo cierto es que Camarón había pasado el fin de semana en la cárcel de San Fernando por amenazar a un guardia municipal con «rajarlo» porque no le dejaba aparcar su coche en una zona prohibida. Algo que sucedió cuando su familia y él iban a bañarse a la playa de Campo Soto de su localidad, una zona militar habilitada para el baño en verano. La prensa destaca que, ante las indicaciones del agente y según fuentes policiales, Camarón insultó y amenazó de muerte al policía diciéndole —según el *Diario de Cádiz* textualmente— «Te voy a rajar». El caso es que poco después Camarón fue detenido por el policía y trasladado a la comisaría de San Fernando, donde se le instruyeron diligencias y se ordenó su ingreso en la cárcel municipal. Como era fin de semana, no pudo prestar declaración ante el juez de instrucción, por lo que permaneció detenido hasta el lunes, fecha en que se decretó su libertad. Según Candado, el artista había aparcado el coche lo más cerca posible de la playa, en un lugar donde había un hueco y donde había otros coches aparcados, por lo que Camarón se tomó aquello como algo personal. Si había mas vehículos aparcados, por qué no podía hacerlo él. Sobre las palabras del cantaor, Candado explica que el policía —un municipal interino— las entendió como una amenaza, pero que en realidad las dijo para sí a causa del coraje que le daba lo que él consideraba una injusticia. «José era una persona muy educada y además muy bien hablada, era muy difícil oírle insultos o una mala palabra.» Durante su breve estancia en la prisión, el cantaor recibió numerosas visitas de amigos y familiares. El caso es que un hecho tan pedestre como discutir con un guardia municipal por la prohibición de aparcar o no el automóvil, acabó con el artista en la cárcel, algo que parece un despropósito y que algunos periodistas, como Ero, con evidente ironía, hicieron patente: «No nos extraña que un cantaor flamenco duerma una noche en la cárcel por causas inherentes a su oficio, por una tremolana nocturna, y sí, en cambio, que lo tengan a la sombra por tener el coche mal aparcado...». Otros hechos que tampoco tuvieron que ver con cuestiones artísticas pero que sucedieron durante sus actuaciones y que la prensa recogió con profusión (la figura de Camarón era muy golosa para los medios de comunicación) también tuvieron al cantaor como estrella invitada. Uno de ellos fueron las peleas y alborotos que a veces se daban en los recitales de Camarón; otros que demasiada gente anduviera con el reloj detrás del artista tomando nota con detalle de la duración de sus conciertos, lo que solía dar paso a interpretaciones diversas.

Sobre las cuestiones relacionadas con las peleas o sucesos que tenían lugar en sus actuaciones, no tenía mucho sentido acusar al de La Isla; pero lo cierto es que eso sucedió más veces de las deseadas. Si se da un vistazo a los periódicos que seguían la trayectoria de Camarón y que, como hemos dicho, daban bastante cancha a los altercados que en alguna ocasión tuvieron lugar, es fácil salir de dudas. *El Periódico de Catalunya*, en una noticia con fotografía el 6 de diciembre de 1987, habla de la actuación del cantaor en el Palacio de los Deportes de Barcelona en estos términos: «Una pelea a silletazos ahuyenta al duende de Camarón de La Isla»; el subtítulo de la noticia detallaba: «El cantaor no pudo detener la riña». «Heridos hubo, pero las respectivas bandas los retiraron rápidamente del campo de batalla en cuanto apareció la policía.» El titular de la noticia llama la atención. ¿Es normal que la crónica de un concierto se abra con la pelea? Quizá fuese más lógico referirse a cómo cantó el artista, si bien o mal, pero sin dar más importancia al conflicto que a la actuación. El subtítulo incidía en que el cantaor no pudo detener la pelea, a pesar de que lo intentó y de que, como dijimos antes, cogió la guitarra para acompañarse y apeló a la tranquilidad de los boxeadores. ¿Era responsabilidad suya detener la pelea? ¿Estaba obligado a hacerlo? Demasiada responsabilidad para cualquier cantaor o artista por grande que sea. La noticia, de aires épicos, no ahorra palabras como «bandas» o «campo de batalla» y sólo resalta el conflicto, por lo que da una idea equivocada y contribuye a ensuciar la imagen del cantaor.

El periódico ovetense *La Nueva España,* en una noticia del 15 de septiembre de 1991 y en referencia a la actuación del cantaor en dicha ciudad, hace prácticamente lo mismo. «A la salida del concierto, dos familias gitanas se enzarzaron en una reyerta como consecuencia de una agresión al jefe del "clan" —palabra de connotaciones ofensivas— de Avilés. El momento de mayor tensión se vivió cuando una de las familias, integrada por unas veinte personas, esgrimió numerosos palos y objetos punzantes.» El incidente, como la misma noticia indica, ocurrió cuando la gala ya había acabado y además, fuera del recinto. Pero para el periódico era más interesante ocuparse de la pelea que de la actuación.

Finalmente y para no cansar más al lector, vale la pena destacar un último ejemplo, quizá el más abracadabrante por lo insólito: un hachazo en la frente a un policía. Sobre la actuación del cantaor en la plaza de toros de Murcia, el diario *La Verdad*, del 6 de septiembre de 1990 titulaba «Policía local herido en una pelea». «La presunta agresora, de raza gitana, detenida.» Y a continuación: «Pasada la medianoche, cuando Camarón empezaba a transmitir quejumbre, una pelea de considerables proporciones entre dos grupos de gitanos obligó a encender las luces y a que interviniese la Policía Nacional y Municipal. Una mujer de raza gitana de entre 30 y 35 años, armada con un hacha de deshuesar, agredió al agente municipal, número de placa 248, produciéndole una herida en la frente que requirió varios puntos de sutura».

¿Tenían estos incidentes algo de extraño? Seguramente no. En todos los lugares donde se producen aglomeraciones se da este tipo de altercados. Y más aún en un recital flamenco de un cantaor genial como Camarón donde el público, pasional por excelencia y a menudo gitano, vivía a flor de piel los sentimientos que el de La Isla transmitía como nadie llegando a influir en el estado de ánimo de todo el público que acudía a sus conciertos (payos y gitanos), lo que

ARCHIVO FAMILIAR

Juana Cruz y Juan Luis Monge, padres del cantaor.

ARCHIVO FAMILIAR

José disfrazado de gitanito con dos amigos.

L. F. ZAURÍN

Imagen actual de la habitación de la fragua.

L. F. ZAURÍN

Canalón del patio de la fragua, donde de niño guardaba el dinero.

ARCHIVO FAMILIAR

Camarón cantando en la radio por primera vez.

Festival de Cante Jondo en Mairena del Alcor (1966).

ARCHIVO FAMILIAR

ARCHIVO FAMILIAR

Camarón con su hermano Manuel.

El de La Isla tocándole
las palmas a su sobrino.

ARCHIVO FAMILIAR

JOSÉ VARGAS

Camarón y José Vargas *El Mono de Jerez* en la feria de Algeciras.

ARCHIVO FAMILIAR

Retrato de José Monge cuando era adolescente, con traje y corbata.

ARCHIVO FAMILIAR

Cantando en una peña.

ARCHIVO FAMILIAR

Primeros años en Madrid junto a —de izquierda a derecha— Felipe Campuzano, Lola Flores, Rancapino y Paco *El Puerto*.

ARCHIVO FAMILIAR

Camarón, con pleno look años setenta.

ARCHIVO FAMILIAR

El cantaor citando a un toro en la calle.

ARCHIVO FAMILIAR

Camarón junto a La Chispa, y sus hijos Luis y Gemma en la Línea.

ARCHIVO FAMILIAR

De izquierda a derecha: El Metales, el cantaor, Manolichi y Quino.

JOSÉ CANDADO

El cantaor tocando la guitarra en casa de Candado (1981).

JOSÉ CANDADO

Camarón y Tomatito bromeando con Rancapino (1981).

JOSÉ CANDADO

Camarón, durante una actuación en Zeleste (1981).

ARCHIVO FAMILIAR

El cantaor con traje campero.

JOSÉ CANDADO

Camarón con Isabel, Rancapino y Candado en Barbate.

GOIZUETA

El cantaor en el Palau de la Música de Barcelona (1988).

MINGO, CUÑADO DE J. CANDADO

Camarón con Joan Manuel Serrat en la Nit de les Olimpiades (1988).

GOIZUETA

El cantaor con Tomatito en el Palau de la Música de Barcelona (1989).

MANOLO DE MARSELLA

Camarón, Candado, Manolo de Marsella y José Vargas en Olopte (1991).

JOSÉ CANDADO

Camarón, en casa de Candado poco tiempo después de volver de Olopte.

ARCHIVO FAMILIAR

Camarón del brazo de La Chispa por las calles de Rochester.

ARCHIVO FAMILIAR

El cantaor con gorra de marinero y saludando en la habitación del hotel Khaller.

ARCHIVO FAMILIAR

Camarón y Candado en la habitación del hotel Khaler.

JOSÉ CANDADO

El cantaor al regresar de Rochester en el aeropuerto de Barcelona.

O.M.C
CONSEJO GENERAL DE COLEGIOS MEDICOS · ESPAÑA ·

CONSEJO GENERAL DE COLEGIOS OFICIALES DE MEDICOS DE ESPAÑA

Derechos autorizados:
452 PESETAS
I.V.A. INCLUIDO

CONSELL DELS COL·LEGIS DE CATALUNYA
Tres-centes cinquanta pessetes
PVP 848 Ptes.
IVA INCLÒS

Clase 3.ª
Serie **A**
Nº 534624

COL·LEGI OFICIAL DE METGES DE LA PROVINCIA DE BARCELONA

CERTIFICADO MEDICO DE DEFUNCION
CERTIFICAT MÈDIC DE DEFUNCIÓ

Colegio de
Col·legi de Barcelona

D. ALBERT FONT POUS

en Medicina y Cirugía colegiado en BARCELONA *, con*
en Medicina i Cirurgia, col·legiat a *amb*
el número 26647 *y con ejercicio profesional en* BADALONA
el número *i amb exercici professional a*

CERTIFICO la defunción de JOSE MONGE CRUZ
CERTIFICO la defunció de
que ocurrió a las 7,15 horas del día 2 de JULIO
que ocorregué a les hores del dia d
de 1992 en la 5ª PLANTA de ONCOLOGIA
d a la d
núm. 512, cuarto A, población de BADALONA
núm. habitació població d
Murió a consecuencia de PARO CARDIO-RESPIRATORIO
Morí a conseqüència d (Causa inmediata de fallecimiento) (causa immediata de la mort)
NEOPLASIA PULMONAR
(Causa fundamental) (Causa fonamental)

y son manifiestas en el finado las señales de descomposición
i són manifestos en el finat els senyals de descomposició
. El finado tenía la edad de 41 años
El finat tenia l'edat de anys.
de estado Casado . Era natural de San Fernando (Cádiz)
Era d'estat i natural d (Ciudad y Provincia) (Ciutat i Provincia)
hijo de Luis y de Juana , cuya identidad (1) D.N.I. 31.383.780
fill d i d la identitat del qual (1)

Observación especial (2)
Observació especial (2)

En BADALONA *, a* DOS *de* JULIO
A *el* *d*
de mil novecientos noventa y dos
de mil nou-cents

(1) «Se me acreditó con documento de identidad » o «se me asegura por don
(1) "M'ha estat acreditada amb document d'identitat " o "m'ha estat assegurada per
domiciliado en , cuya identidad me acredita y firma este parte», o «Conozco de ciencia propia».
domiciliat a el qual m'acredita la pròpia identitat i signa aquest comunicat", o "Conec de ciència pròpia".
(2) Si hubiera indicios de muerte violenta se comunicará urgente y especialmente al Encargado del Registro Civil.
(2) Si hi havia indicis de mort violenta, caldrà comunicar-ho urgentment i especialment a l'Encarregat del Registre Civil.

NOTAS: Ningún Parte de Defunción podrá ser expedido por el Médico si no va extendido en este impreso, editado por el Consejo General de los Colegios Oficiales de Médicos, debiendo llevar estampado el sello oficial del Colegio Médico Provincial.
Los derechos autorizados por la Dirección General de Sanidad son

NOTES: Cap comunicat de defunció no podrà ser lliurat pel Metge si no és estès en aquest imprès, editat pel Consell General dels Col·legis Oficials de Metges, el qual imprès ha de dur estampat el segell oficial del Col·legi Mèdic Provincial.

Certificado de defunción: Badalona, 2 de julio de 1992.

junto a algún trago de más facilitaba que ciertos sucesos se dieran con más frecuencia de la esperada. Sin embargo, como señalaba antes, a veces la fama conlleva un precio que casi nadie, y mucho menos Camarón, se abstiene de pagar.

Acerca de la duración de sus recitales, la prensa solía referirse a sus soberbias aunque «breves» actuaciones, sin olvidar siempre que Camarón sólo había cantado «tantos minutos» (los segundos y las fracciones más pequeñas no se detallaban). Las críticas incidían en el mismo hecho refiriéndose a la «estrella fugaz» que dejaba al público «con la miel en los labios». Pedro Calvo, que firmaba en el *Diario 16* en Madrid una crítica del 18 de marzo centrada en la actuación de Camarón en la sala Rock Club de Madrid, afirmaba: «El egoísmo de los hados no permite más que paladear con cuentagotas las esencias camaroneras. Es un arte que se paga a precio de oro. Cuarenta minutos de Camarón en escena cuestan cuatrocientos duros». Otra reseña, ésta firmada por Ángel Álvarez Caballero y recogida en *El País* el 18 de marzo decía: «treinta y ocho minutos de Camarón». Caballero reseña que el ambiente ruidoso no era el más propicio para escuchar flamenco ni para permitir «exquisiteces»; algo es algo.

Respecto a este asunto hay que destacar que escuchar a Camarón siempre sabía a poco. Y por encima de ello es preciso subrayar que la prensa no explicara ni distinguiera la diferencia entre un recital en solitario y otro evento en donde él participara junto a otros artistas. ¿Cómo iba a cantar lo mismo en una gala en solitario (donde aunque no se extendía mucho a menudo lo hacía bastante más de lo que se decía) que en otra donde participaban cuatro o seis figuras más?

Por otro lado hay que pensar que Camarón era un genio; y a una persona de estas características —aunque vaya en contra de los intereses comerciales— no se le puede exigir que esté siempre bien o que se prodigue todo lo que requiera el guión. Eso sería lo deseable, pero a menudo no es posible.

La Semana Santa siguiente a la estancia de Camarón y Rancapino en casa de Candado con motivo de la actuación de la pareja en Zeleste, cuando los vínculos entre ambos se estrecharon y tanto Candado como su mujer Isabel advirtieron en el cantaor esa sensación de desamparo de la que hablé antes, el matrimonio bajó para Jerez, algo que hacían a menudo. Candado sabía que el cantaor siempre acudía a la procesión del Nazareno y por eso decidió acercarse también por San Fernando. Aquella tarde Camarón estaba de fiesta en casa de su hermano, El Nano. «Nos hicieron pasar a mí y a mi mujer. Nosotros no queríamos molestar y le dije: "Nada, estábamos aquí en Jerez y hemos venido a saludarte", aunque como insistían nos quedamos un rato. Luego él se fue para La Línea y nosotros para Jerez», recuerda Candado.

En verano, Candado, que estaba de nuevo en Jerez, aprovechó para ir a saludar a Camarón, momento en el que conoció a La Chispa y al entorno cercano del cantaor. «Me recibió muy bien. Estuvimos todo el día juntos, tomando café, paseando y charlando. Luego le dije que me iba al día siguiente y me despedí por si tenía que descansar o estar por sus cosas. Yo era prudente y él me lo agradecía.»

De vuelta en Barcelona, Candado le comentó sus impresiones a Isabel, su mujer, haciendo hincapié en que lo veía más hundido como persona que como artista. Sin embargo, aunque un poco más adelante, cuando Candado supo que tenía una parálisis temporal en la mano lo volvió a ver. «Me lo dijo Rancapino y me fui para allí. Llevaba una férula que le había recetado el médico. Le dije que no me parecía aconsejable, algo que el doctor Nur apreció también porque se la mandó quitar. Lo cierto es que estaba bastante bajo de moral, muy deprimido. Pero bueno, estuvimos hablando de cosas sin importancia. Al final, cuando nos despedimos, le dije: "Mira, si esto no se te soluciona vente a Barcelona, conozco buenos especialistas que te podrán ayudar". El dijo que había un médico que se lo iba a arreglar, el doctor Nur. Pero apreció mi visita y que me preocupara por él», puntualiza Candado. A partir de entonces, los lazos entre ambos se hicieron más fuertes; Candado notaba que su estado no era bueno pero que con él era cada vez más cordial. «Yo ya no lo veía como un artista sino como una persona que necesitaba ayuda, y él lo entendía y lo apreciaba.» Posiblemente, el hecho de que el de Santa Coloma fuera un profesional de la salud, también influyó de forma positiva en la relación, ya que desde aquel momento alguna vez le llamaba desde La Línea para hacerle alguna consulta relacionada con el tema. Pasados unos meses, Candado empezó a colaborar con Camarón a petición del cantaor. Para ello convinieron con el representante del isleño, Jesús Antonio Pulpón, que él haría de *road manager*, la persona que acompaña a los artistas en los viajes y giras, cuyo trabajo se pagaría aumentando el precio de las galas. Para Candado era un papel difícil porque, entre otras cosas, le obligaba a ser el malo. «Yo le hacía de filtro de la gente que no le convenía», eso le creó no pocos enemigos, porque estar cerca de Camarón suscitaba envidias. Y si a su obligación moral de velar por el cantaor le añadimos la profesional, lo que les obligaba a estar juntos más tiempo aún, es fácil entender por qué muchas personas vieron siempre a Candado como un «gachó que quería algo».

Al poco, Camarón, que le había prometido a La Chispa iniciar un tratamiento de desintoxicación, algo que sucedió durante una estancia de la pareja en Barcelona por cuestiones de salud de ella, comenzó un tratamiento con el doctor Casas. No era el primer intento; Francisco Peregil lo documenta con veracidad en su libro *El dolor de un príncipe*. Menos fiables fueron las afirmaciones del periodista de escribir: «Todas las tentativas para desintoxicar a Camarón fueron fallidas, con la única excepción de la del psiquiatra Marcelo Camús», en la segunda mitad de 1981 y la primera de 1982 tras la grabación de *Como el agua*, y dice que Marcelo Camús logró «apartarlo durante un año de todo tipo de estupefacientes». En Barcelona, el doctor Casas, que logró apartarlo del opiáceo; y otra tentativa —más que eficaz definitiva— tuvo lugar en Olopte, cuando Camarón, que llevaba años sin probar la heroína, empezó a tener problemas con la cocaína: «La mancha de la mora con otra verde se quita», decía él. Aunque en el caso de las drogas, eso sólo sirva para complicar más las cosas.

Prat se había puesto en contacto con Casas, que en aquel momento organizaba el ciclo Ibercámara en el Palau de la Música de la ciudad condal. «Yo fui con él y con La Chispa a la entrevista. Primero entró José, luego su mujer. Lo que hablaron no lo sé. Camarón me contó que estuvieron más de una hora mirándose uno al otro y que ninguno de los dos hablaba. Al parecer Casas le había dicho que era psiquiatra y que una cura se la podía hacer a cualquiera, pero que él lo que quería era ayudarlo a salir para siempre.» Según Candado, el cantaor no tenía en aquel momento conciencia exacta de lo que eso significaba: «Quizá creyese que él solo podría». La cura tuvo lugar en un piso alquilado donde Camarón pasó unas días recluido. Antes de acabar y con el tratamiento farmacológico que le había recomendado el doctor Casas, el de La Isla fue a ver a Candado, que además de acompañarle le aconsejó cómo debía seguirlo y le explicó a La Chispa cómo tenía que administrárselo. A partir de aquel momento, Camarón mejoró mucho, algo en lo que indudablemente influyó, además de que abandonara su adicción al opiáceo, la amistad y la frecuente compañía de Candado en las giras y actuaciones del cantaor.

En su nuevo disco, *Soy gitano* (el anterior, *Flamenco Vivo*, era tan solo una recopilación) la situación discográfica de Camarón cambió. Le revisaron los royalties y le hicieron un nuevo contrato. Candado estuvo presente en la grabación, la mayor parte de la cual se realizó en Sevilla, en los estudios de Jesús Bola —conocido como el maestro *El Bola*— situado en las afueras de la capital.

Sin embargo, a pesar de la calidad del disco (que incluye el merengue de Juan Luis Guerra «Amor de conuco» interpretado por Camarón y Ana Belén) y del terremoto que supuso para su carrera, el de La Isla no se sentía muy satisfecho con el resultado. «Cuando Pachón habló de grabar en la Orquesta Filarmónica de Londres a él le gustó la idea, pero la verdad es que no tenía ganas de irse a Inglaterra aunque podía ser muy importante para su carrera.» Concluido el trabajo en Sevilla, un día llamaron a Candado de la discográfica para preguntarle si podía acompañar a Londres al artista. «"Yo tendré que dejar mi trabajo y poner un suplente", dije. "No te preocupes", me dijeron, "nosotros correremos con todos los gastos".» Así que se fue a San Fernando a recoger al cantaor para, desde allí, ir a Madrid y luego a Londres, aunque antes debían estar en la capital un par de días. A Candado eso no le parecía buena idea porque Camarón no tenía muchas ganas de ir a Londres y en Madrid se iba a aburrir. Y no se equivocaba: el de La Isla, tras la cura de desintoxicación realizada en Barcelona, no se encontraba muy animado y a veces se deprimía, algo común en las personas que, de pronto, abandonan una dependencia. «Esa noche José durmió mal. Estaba deprimido, no le apetecía viajar a Londres y por la mañana no quería levantarse.» Al poco un directivo de la compañía fue a buscarlos, encontrándose con la sorpresa de que Camarón estaba en la cama y no parecía dispuesto a abandonarla. Sin muchas contemplaciones, el directivo entró en la habitación y le despertó tirando de las sábanas, algo que a José no le hizo ninguna gracia y por lo que el otro casi se lleva una torta. «A mí no me levanta nadie si yo no quiero.» «Pero ¿quién te crees tú que eres?» Candado, ya fuera de la habitación, habló con el representante de la discográfica y le preguntó si había algún otro vuelo porque ése ya estaba perdido. Poco después y tras una charla, artista y *road manager* (en Londres sólo hacía falta que Camarón hiciera acto de presencia, su parte ya estaba hecha y sólo se trataba de grabar la que le correspondía a la Orquesta Filarmónica), volaban para Inglaterra. «Al final, aunque renegando, se levantó, se arregló y nos fuimos para el aeropuerto.»

Soy gitano —considerado el disco más caro de la historia del flamenco y que enseguida se aupó a las listas de los discos más vendidos— llevó a Camarón, que volvió a recuperar el «de La Isla» para la portada, a lo más alto. El hecho de que al productor Ricardo Pachón se le ocurriera contar con la sección de cuerda de la Royal Philarmonic Orchestra para añadir su trabajo al repertorio del disco —la mayor parte cantes festeros—, algo que encareció mucho el producto pero que también aportó una publicidad que le vino muy bien al proyecto, fue una buena idea. Los medios enseguida se hicieron eco del hecho reflejándolo en sus páginas. Un ejemplo de ello fue *El País*, que el 27 de julio de 1989 reproducía en portada una fotografía de Camarón sentado en la puerta de los estudios Abbey Road, de Londres, donde habían grabado los Beatles. El texto «Camarón de La Isla, uno de los intépretes más renovadores y polémicos del flamenco» daba en el clavo. Ya en el interior del diario, Nacho Sáenz de Tejada citaba —refiriéndose al de La Isla en el estudio— «la presencia callada de un Camarón que quiere llegar a un público más amplio sin perder la pureza de la tradición del cante flamenco» Y a buena fe que Sáenz de Tejada acertó, como vuelve a hacerlo después cuando más adelante cita los «problemas de adaptación» de la pulcra y eficiente cuarentena de músicos de la sección de cuerda de la orquesta. Al parecer, la formación clásica de sus miembros no ayudaba demasiado a entender qué iban a hacer y cómo debían hacerlo, algo lógico si tenemos en cuenta la peculiaridad del disco y que lo que se buscaba no era algo que se pudiera captar en un instante así como así. Y si decimos que Sáenz de Tejada acertaba de pleno fue porque Candado, que como sabemos acompañó al artista a Londres, recuerda perfectamente cómo éste observaba a los músicos sin abrir la boca y cómo ellos, en un estudio que parecía un auditorio, no acababan de entender mucho de qué iba aquello. «Jesús *El Bola* llegó con la batuta porque tenía que dirigirlos y José se sentó allí, en la misma sala. Empezaron con "Dicen de mí", pero el tema no lo cogían y se les hacía muy difícil.» El trabajo no lo terminaron aquella tarde y, a pesar del precio de la orquesta, cuya sesión de tres horas costaba un millón de pesetas, los músicos tuvieron que dedicar alguna sesión más a concluir el trabajo. Camarón y su acompañante sólo estuvieron un día más en Londres. Por la noche les invitaron a cenar a casa de un director de cine español amigo de Pachón, una mansión de estilo victoriano. Allí comieron y bebieron; regresaron al día siguiente a Barcelona. Al cabo de un mes, todavía quedaban algunas cosas del disco por arreglar en la capital británica pero la presencia del cantaor ya no tenía ningún sentido.

La presentación de *Soy gitano* estaba anunciada para el día 16 de noviembre, pero, según declaraciones de Camarón para el diario de Cádiz, ésta fue suspendida de forma unilateral por la discográfica aunque le culparan a él de la demora. «Será mi reaparición, en mi casa y con mi gente» declaró el cantaor. A continuación anunció la reanudación de sus compromisos y su vuelta a los escenarios, de los que había estado alejado desde finales de agosto de ese año. Al final, el día 2 de diciembre de 1990, el cantaor presentaba lo que algunos periódicos como *El Independiente* anunciaban como «su último y más polémico disco».

El acto tuvo lugar en el Teatro Atlántico de Cádiz y contó con el apoyo de la peña gaditana que lleva su nombre, que aprovechó para hacerle un homenaje. Aunque la noticia era sin duda la presentación de un disco que también estaba destinado a hacer historia y del que *El Independiente* ya anunciaba que sus ventas en quince días rozaban las cincuenta mil copias, algo quizá un tanto exagerado. Pero lo que está claro es que la expectación era tan grande que, además de mucho público gitano y aficionado al flamenco que llenó las más del mil butacas del teatro, al acto se presentó la recién elegida diputada por Cádiz Carmen Romero, mujer del entonces presidente del gobierno Felipe González. La diputada se acercó al camerino a saludar a Camarón, algo a lo que él restó importancia explicando al ser requerido por la prensa «que habían hablado del tiempo».

En el Atlántico estuvieron también sus hermanos Manuel y Jesús *El Pijote,* Rancapino y Maribel Marín, mientras que al toque estuvieron Víctor Rosas, Ignacio Álvarez y Javier del Puertoreal. La actuación de Camarón acabó apenas quince minutos después del comienzo. Acompañado por Tomatito, el de La Isla invitó a subir al escenario a algunos de los músicos que habían participado en la elaboración del disco, entre los que se encontraban Raimundo Amador, Jesús Bola y Manolo Soler.

Tras el acto Camarón declaró a la prensa sentir el peso de la responsabilidad, algo que él siempre subrayaba: «Yo siento mucha responsabilidad por lo que la afición espera de mí y las cosas que me dicen, sobre todo cuando voy a trabajar, y eso seguro que se me nota. Pero física y moralmente me siento mejor que nunca». Aunque se mostraba muy contento de cómo había afrontado algunos temas, especialmente «Dicen de mí» y «Soy gitano», «"Dicen de mí" es la canción que he cantado con más sentimiento... / ... Y también "Soy gitano", el tema que le da nombre al disco. Son dos letras maravillosas, con mucha alma y al mismo tiempo muy pegadizas».

El 4 de noviembre de 1989 *El Periódico de Catalunya* titulaba en una noticia: «Camarón de La Isla prepara su lanzamiento internacional». El texto hacía referencia a la presentación de *Soy gitano* e informaba que la compañía discográfica pretendía incidir en el mercado foráneo. Hasta este momento los discos del cantaor se editaban en Francia y en Japón, pero el objetivo de la filial española de Polygram era ir más allá: «La compañía de Camarón quiere que éste sea su lanzamiento definitivo en toda Europa, por lo que ha cuidado al máximo todos los detalles del disco, tanto en su grabación como en su presentación», decía la prensa. La intención de la empresa obedecía a la voluntad de hacer crecer una semilla que ya estaba sembrada desde hacía más de un año, cuando el artista actuó en París con una recepción de público y crítica fuera de lo común, algo que nadie, ni siquiera él mismo, podía imaginarse en aquellos momentos. Aunque esas históricas galas del cantaor en el Cirque d'Hiver de París, que tuvieron lugar los días 24, 25 y 26 de marzo de 1988 y que reflejaron con profusión la prensa del país vecino, no fueron el primer golpe de efecto del artista en París. En mayo de 1987 Camarón ya había actuado junto a Tomatito en el mismo escenario precedido por Carmen Ledesma, Rocío Loreto, Quique Paredes, Jarillo de Triana y Aurora Vargas con notable éxito, algo que también recogió la prensa y que creó un precedente para su posterior consagración en Francia. Un recital parte del cual se recogió en directo en disco que la Universal publicó en España en 1999; un cedé que incluye imágenes del recital de CD Rom y que recoge la frescura y la reacción del público. Pero la presencia de nuevo de Camarón en marzo de 1998, enmarcada en un festival de folclore español que la asociación Pomelo llevaba a cabo en colaboración con la revista *Actual* y la emisora de radio Europe-1, fueron punto y aparte por la gran atención que los medios franceses dedicaron al cantaor. Los recitales contaron con una excelente difusión en la capital francesa que hizo que numeroso público procedente expresamente de toda Francia, Alemania, Bélgica y Holanda estuviera presente en ellos; un público integrado por mil setecientas personas que pagaron entre 3.00 y 5.000 pesetas de entonces. En el cartel promocional se podía leer en blanco sobre negro «El Camarón de La Isla et Tomatito», luego reseñaba escuetamente «La Tati, danse» que bailó acompañada por su grupo. A la izquierda una fotografía del de La Isla cantando, acompañándose con las palmas, permitía apreciar el tratamiento elegante que los organizadores dieron al evento, lo que indica una voluntad de alejarse del tópico y el respeto que, desde entonces y ya para siempre, demostraría el público de ese país a Camarón y al flamenco.

Las galas del cantaor fueron cortas pero quizá más largas de lo que era habitual en el artista por estos pagos; un total de cuarenta minutos enmarcados en un espectáculo de dos horas de duración abierto por la bailaora madrileña La Tati y por su grupo, preparando al público para la esperada aparición de Camarón. «Camarón se gana al público de París en sólo cuarenta minutos» destacaba *El Periódico de Catalunya*; «Camarón de La Isla entusiasmó a los franceses, que le calificaron como el Mick Jagger gitano», reseñaba *Diario 16*. Pero la prensa francesa fue aún más entusiasta: el prestigioso *Libération* publicaba en la portada una preciosa fotografía realizada por Lamarca de un Camarón de perfil que se acompañaba a las palmas bajo la cual, entre otras cosas, reseñaba: «Torero fallido, José Monge Cruz ha rehabilitado el flamenco entre una juventud española empapada de música rock. Excepcionales conciertos parisienses». Otros medios de comunicación franceses lo calificaban como el «Joe Cocker de San Fernando», «el gitano mágico» y otros adjetivos similares, refiriéndose, explicando, como Actuel, que «Camarón es la emoción que exacerba el sentimiento, gracias a la cual todo se hace intenso». Sobre su actitud frente a esos recitales Camarón declaraba a *Diario 16*: «Estoy cantando con muchas ganas, porque el público francés tiene un respeto muy bonito y muy grande. Este respeto hace que te sientas más responsable como artista y que te concentres más. El público francés ha estado mejor que yo». Abrió su actuación con sus pocas palabras habituales: «Como vengo a cantar, voy a cantar lo mío y todo lo que ustedes quieran», interpretó seguiriyas, soleás, fandangos, bulerías, tangos y hasta una minera, y levantó al público de los asientos. Así, tras cuarenta minutos, el cantaor se levantó y se fue, sin que la bronca que durante diez minutos le dedicó el respetable público le hiciera volver al escenario. Camarón regresaría a París, el año siguiente, España era el país invitado de honor al Festival de París y, entre otros artistas como José Carreras o Montserrat Caballé, el de La Isla fue uno de los protagonistas. La actuación, el 10 de junio de 1989, contó con la participación de treinta artistas flamencos, acabó con el tradicional chocolate con churros, no sin antes proyectar películas antiguas de artistas como Imperio Argentina, Carmen Amaya y el bailarín Antonio.

Otra cita internacional destacada de Camarón que, por cuestiones que luego veremos, tuvo una notable importancia en su trayectoria, se celebró en 1989 con motivo de la celebración del New Music Seminar en Nueva York. Su visita a la ciudad de los rascacielos se enmarcaba en la uncédima edición del seminario, que se organizó entre los días 13 y 18 de julio y en el que participaron cerca de ocho mil delegados de más de treinta países. El encuentro reunía a profesionales de la industria discográfica de todo el mundo, se celebraban mesas redondas, conferencias y debates y, por la noche, los invitados acudían a los diferentes eventos. Camarón fue invitado a cantar en la discoteca Palladium —la más grande de la ciudad— con otros grupos españoles, entre los que se encontraban Ketama, Radio Futura y El Último de la Fila, que debían actuar juntos la misma noche del día 14 en un espectáculo presentado por Pedro Almodóvar; el director manchego se encontraba entonces en Estados Unidos promocionando su película *Átame* que acababa de ser clasificada con una X por la censura norteamericana. Los artistas españoles contaban entre otros apoyos con los de la Sociedad General de Autores y Editores (SGAE), la Fundación Spain 92, la Casa de España en Nueva York y el Ministerio español de Cultura, según afirmaron los organizadores. Sin embargo, a pesar de tanto apoyo y sin tener en cuenta el valor promocional, que ése sí fue valioso, ninguno de los artistas españoles cobró una peseta salvo Camarón (para resarcirle por la cancelación de un contrato que tenía firmado) y El Último de la Fila, que recibió una compensación por el coste de parar su gira para viajar a Estados Unidos. Eso no es algo que tenga mayor interés; se puede valorar que una cosa compensaba la otra. Sin embargo, según explica Candado, Camarón y Tomatito no se sintieron muy apoyados por la SGAE. En el aeropuerto de Barcelona, desde donde tenían que volar a Nueva York, se encontraron con que habían anulado su vuelo, estaban en lista de espera y no tenían a nadie al que acudir. «Estábamos anunciados en Nueva York. Volamos de Jerez a Madrid y de allí a Barcelona, de donde teníamos que partir para Estados Unidos, pero nuestro viaje estaba suspendido hasta nuevo aviso y los siguientes estaban en lista de espera», señala Candado. «Por casualidad allí nos encontramos con el productor y promotor artístico italiano Pino Sagliocco, a quien ya conocíamos. "¿Qué hacéis aquí?", nos dijo Pino. "Ya ves, empantanaos", le dije yo. Y le expliqué lo que pasaba. "Y ¿cómo no os dan una alternativa?" "Mira".» El caso es que Sagliocco sacó la Visa Oro y compró los vuelos. Candado recuerda que Camarón y él se sintieron desatendidos por la SGAE, que al parecer tenía un inmejorable concepto artístico de Camarón pero no profesional, ya que le consideraban poco formal. Que ninguna televisión española se interesara por adquirir la grabación audiovisual, actualmente propiedad de la televisión canadiense, también es significativo.

Algunos medios de la prensa latina de Nueva York destacaban —como sucedió con el diario *La prensa*— que el encuentro era «uno de los puntos culminantes de la actual temporada musical y que Camarón abría a la ciudad de los rascacielos las puertas del flamenco clásico». En España, *La Vanguardia* hablaba de un recital que había despertado «tremenda expectación»; el *ABC* titulaba: «La música española le hinca el diente a la Gran Manzana»; «La conquista de Nueva York». Y lo cierto es que la cosa no fue para tanto aunque de manera triunfalista *ABC* siguiera reseñando que los españoles «habían dejado el pabellón bien alto». El caso es que Pedro Almodóvar se disculpó y no presentó la gala, Radio Futura se cayó del cartel y, tras las actuaciones de los hermanos Carmona y José Soto de Ketama, siguió la de Camarón y la del

El Último de la Fila. La prensa habla de seis mil personas, entre las que, al parecer se encontraban algunos músicos importantes como David Byrne. Según el crítico musical Diego Manrique, fue una actuación muy corta; «como mucho de un cuarto de hora» explica Candado, y lo cierto es que el público no parecía estar demasiado por la faena, lo que se reflejaba en el murmullo estrepitoso que ascendía de la planta baja durante la misma. «Empezó por siguiriyas o soleares, ahora no recuerdo bien, y apenas había empezado me indicaron que debía abandonar el escenario. Tanto fue así que me amenazaron con apagar las luces. José, terminado el primer tema, se acercó a un lado del escenario donde yo estaba y me dijo que cómo lo veía, si se oía bien... "Oye —le dije yo—, me están haciendo señales para que te salgas". Él volvió al escenario y se sentó a cantar otra vez, pero como me insistían en que estaban a punto de apagar la luz le hice una señal y cortamos. "¿Para esto hemos venido a América?", dijo él. Yo le dije que sí, pero "mira la que has liado." La gente de las primeras filas, entre las que había muchos artistas, estaban muy atentos. Recuerdo unas mujeres negras que seguían con mucha atención la forma de cantar y de modular de José; e imitaban en silencio, quizá como queriendo aprender.» De aquel concierto, Jordi Rueda, de *Showpress,* destacaba: «De Poligram, editores de Camarón y Ketama, no hubo nadie, lo que razonablemente hace sospechar que la predisposición de la firma a las aventuras internacionales de sus artistas es escasa»; el diario *Ya* recogía la impresión de Ketama: «La parte artística fue un éxito, pero estamos descontentos de la parte humana. Los responsables de la SGAE casi nos sacaron del escenario por la oreja y nos quitaron el sonido». Por otro lado, el sonido fue deficiente. Según el diario *Noticias del mundo,* El Último de la Fila llegó a plantearse pagar de su propio bolsillo una mesa de mezclas para su actuación. La crítica española fue en general positiva, pero matizaba: «Aunque agradó a los de su tierra, no causó la misma sensación entre el público que no era de su origen porque su presentación no fue muy extensa y el sonido del Palladium no le ayudó mucho para convencer a quienes por primera vez lo escuchaban», escribía Carlos Arias. Otros periódicos como *La Vanguardia*, centrándose en lo artístico, se refirieron al concierto de Camarón como «uno de los mejores que se le recuerdan» aunque el periodista que firmaba la crónica, Rafael Ramos, exageró al escribir que la actuación había durado cincuenta y cinco minutos.

El impulso definitivo en la carrera del cantaor (que incluía un serio y planificado lanzamiento internacional de la mano de Pino Sagliocco) fue iniciativa del propio cantaor y de José Candado. A mediados de los ochenta, la necesidad de racionalizar un calendario de actuaciones disparatado que hacía que el artista tuviera que viajar de una punta a otra de España sin tener en cuenta ni fechas ni distancias y trabajar en mejores condiciones —y no con un sonido «de feria», como decía Camarón— era un tema que aparecía a menudo en sus conversaciones: «Llegamos a la conclusión de que por el respeto que exigía su persona, el flamenco y su calidad artística, debía limitar sus actuaciones, hacerlo de forma preferente en ciudades como Barcelona, Madrid, Granada, etcétera y reducir el calendario de festivales de flamenco de verano en Andalucía, que hasta aquel momento habían sido la base económica en la que se sustentaba José», dice Candado. Al parecer el de La Isla tenía muy claro que los espacios y las condiciones de trabajo que le ofrecían esas ciudades eran las idóneas: buen sonido, mayor reconocimiento artístico y más comodidad, algo que para Camarón no suponía renunciar a nada de lo que tenía que ver, más que con su necesidad vital, con su propia vida: al cante. «José me había comentado varias veces su interés por realizar una antología de tres o cuatro discos que incluyeran todos los palos ortodoxos del flamenco acompañándose nada más que por varias guitarras, coros y, como máximo, las palmas, que son la antigua percusión del flamenco. Y de forma paralela y mientras realizaba esos proyectos, ofrecer recitales en ciudades importantes destinados a un público más amplio o estudiar incluso la posibilidad de formar una compañía, y actuar en países como Japón o Australia, lo que le aportaría una solvencia económica que le permitiría llevar adelante estas iniciativas». Para ello pensaron que Pino Sagliocco podría jugar un papel importante en ese nuevo giro de su carrera: el italiano ya había mostrado su interés por Camarón contando con él para el acto inaugural de la Olimpiada Cultural que se llevó a cabo al pie de la montaña de Montjuïch, en Barcelona en octubre de 1988 y las sensaciones por ambas partes habían sido positivas. El espectáculo, anunciado como La Nit, contó, además de con el cantaor —acompañado a la guitarra por Tomatito—, con Freddie Mercury y Montserrat Caballé, que interpretaron por primera vez en un acto público la canción «Barcelona», con el tenor Josep Carreras, Dianne Warwik, etcétera.

Los contactos más formales en este sentido se produjeron en Sevilla durante la grabación de *Soy gitano*, y se retomaron un poco más tarde cuando Sagliocco —que debía dar una conferencia— intervino para que la SGAE invitara a Camarón al New Seminar de Nueva York. En la ciudad de los rascacielos, las conversaciones girarían en torno al mismo tema. Vista la trayectoria que en los últimos años había tenido la carrera artística del cantaor fuera de nuestras fronteras —sobre todo en Francia—, Pino compartía la idea de que la carrera de Camarón no estaba bien llevada —idea que la división europea de Polygram, su compañía en España, compartía— y que, por su calidad y por el interés que despertaba en artistas y productores extranjeros, su figura podía tener una gran proyección fuera de España. Por eso, el italiano se implicó en el asunto y entró en contacto con el productor estadounidense Quincy Jones para estudiar el tema.

Unos meses después, en Barcelona, tuvo lugar una reunión a la que asistieron Camarón, Pino, La Chispa y Candado en la que Sagliocco planteó su opinión. Candado recuerda que el italiano expresó su voluntad de trabajar con el cantaor y de ocuparse de su carrera fuera de España, y quería empezar por llevarlo a Montreux —donde Quincy Jones apadrinó la noche española celebrada en el festival suizo— e incluirlo en el proyecto que preparaba para la inauguración de las próximas Olimpiadas de Barcelona. Pero para ello era necesario estudiar cuál era la situación profesional y discográfica del artista solicitando información a su compañía.

El contrato que unía al cantaor a Polygram en aquel momento le obligaba a acabar *Potro de Rabia y Miel,* trabajo que, de no concluirse, significaría su prórroga automática; los royalties que el cantaor percibía por sus discos eran muy bajos para un artista de su talla y no estaba suficientemente valorado desde el punto de vista artístico. Como consecuencia de todo ello se hacía patente que a la división española de su compañía le faltaba sensibilidad para trabajar con alguien de la dimensión del de La Isla y que le sobraba filosofía empresarial.

Al final se acordó que Sagliocco fuera el manager del cantaor en el extranjero, algo que Pino trasladó a Quincy Jones. En España seguiría desempeñando ese cometido el empresario Jesús Antonio Pulpón.

El siguiente paso fuera de nuestras fronteras fue su participación en el Festival de Jazz de Montreux, ciudad suiza a orillas del lago Leman donde se celebra este acontecimiento artístico internacional de primer orden. El festival, que en la edición de 1991 celebraba sus bodas de plata y que se abrió a otras tendencias como el flamenco, fue organizado por Quincy Jones, que como sabemos ya estaba interesado en Camarón y en proyectar su figura de forma internacional. Así, entre otros géneros como el pop con Sting o Elvis Costello, la música brasileña con Milton Nascimento o el soul con Roberta Flack y Anita Baker, el evento incluyó como novedad una noche española, el 6 de julio, en la que, junto a El Pele, Lole y Manuel y Manolo Sanlúcar, Camarón actuó acompañado por Tomatito. La prensa hispana destacó el duende que estuvo presente durante la gala. El cantaor se había referido a lo ecléctico de la programación del festival y a la diversidad de músicas representadas: «No importa que sea rock o flamenco; donde hay sentimiento se hace llegar. Yo soy hombre de pocas palabras, y ese sentimiento lo expreso cantando». Lo que está claro es que aquella fue una excelente oportunidad para superar tópicos y para dar a conocer la realidad del flamenco. La prensa suiza se refirió con titulares «Corrida sin muerte», «La llama viva del flamenco». Camarón, El Pele y el resto de artistas estuvieron brillantes, y el público presente «gritó y se levantó de sus asientos aplaudiendo a los cantaores.» Sin embargo, a pesar de que el de La Isla estuvo magnífico, esa tarde el cantaor bien podía haber pillado un resfriado si tenemos en cuenta que tan sólo una horas antes se había tirado al lago Leman para coger un pato. «Aquella misma tarde —recuerda Candado—, mientras estábamos sentados a orillas del lago Leman después de haber comido junto a Tomatito, José se quedó mirando un grupo de patos que se deslizaban por la superficie del agua. De pronto se levantó, se quitó los pantalones y la chaqueta y se tiró al agua para ver si cogía a alguno; cada vez que estaba a punto de cogerlo, el ave se escapaba tranquilamente. Yo le dije: "Que no sé nadar, eh...". José siguió nadando un poco pero enseguida se dio la vuelta porque, según él, el animal le daba "jarillo", es decir, lo engañaba aparentando que se dejaba atrapar y cuando iba a echarle mano se escapaba.» Con una sonrisa en los labios, Candado recuerda: «No sé, se acordaría de su infancia... Como estábamos al lado del hotel, salió del agua y fue a cambiarse». Por la noche, afortunadamente en perfectas condiciones, hizo una de sus mejores actuaciones. Tanto fue así que el propio Quincy Jones se arrancaría junto a otros artistas a hacer los coros al cantaor en «Soy gitano».

Un pequeño balance de la trayectoria del cantaor en los dos últimos años, de los proyectos que estaba realizando y de los que tenía entre manos para el futuro arrojaba el siguiente resultado. Después de la aparición de *La leyenda del tiempo*, en 1990 había salido al mercado *Autorretrato*, un doble volumen que recopilaba algunos de los temas más destacados de su carrera y donde se podían observar algunas novedades respecto a las grabaciones originales. Unos nuevos arreglos de Jesús Bola para «Romance del amargo», «La Tarara» y nuevos y sorprendentes ritmos próximo a la música disco para «Volando voy». Por otro lado, unos meses antes del foro de Montreux, Camarón había grabado cuatro cantes por sevillanas para el mediometraje de tres cuartos de hora de Carlos Saura titulado *Sevillanas*. En el proyecto también participaban Paco de Lucía y Manolo Sanlúcar, y el director intentaba, según sus propias palabras, transmitir la profundidad de ese baile. Finalmente, también estaban hechos los primeros contactos para que el cantaor participara en la ceremonia inaugural de las Olimpiadas de Barcelona.

Sin embargo, Camarón hacía tiempo que no se encontraba bien. La grabación de *Potro de Rabia y Miel* estaba costando dios y ayuda y centrarse en el resto de proyectos no le era fácil. Tras haber dejado la heroína y quizá con la voluntad de paliar la carencia que esto le causaba, el cantaor había empezado a tener problemas con la cocaína. Candado, para que el cantaor superara definitivamente sus problemas y así relanzar su carrera, le propuso retirarse un mes al Pirineo. Después de hablar con el abogado Antonio Agesta, éste llevó a Candado a Olopte, un pequeñísimo y agreste pueblo del Pirineo catalán donde Felipe Portabella, admirador del artista, tenía una casa de campo. «Allí pasamos el día y nos pareció un lugar muy adecuado para que José pudiera superar su adicción.» Era una antigua casa de dos pisos rehabilitada, toda de piedra y madera. "Sí tú quieres yo le pido la casa a Portabella", me dijo Agesta.» A Candado le dio un poco de miedo porque la casa estaba muy cuidada —en realidad era un chalet de lujo, aunque las personas que acompañarían al cantaor durante su estancia allí serían pocas y de toda confianza; por eso al final dieron el sí. Felipe Portabella se portó tan bien que no sólo les dejó las llaves de la vivienda sino que además pagó a una mujer para que llevara la casa y la comida, aunque de esto último se hizo cargo Manolo de Marsella, amigo personal del cantaor y fallecido en noviembre de 2001. Candado, para que Camarón estuviera más a gusto —recordemos que la estancia iba a durar un mes aunque al final estuvieron veintiocho días—, avisó a Manolo y le informó del próximo viaje a Olopte, algo a lo que el de Marsella se prestó sin dudarlo. Candado también habló con José Vargas *El Mono*: «Os conocéis desde pequeños y él te aprecia». Éste, que anuló algunos compromisos que tenía cerrados, tampoco se lo pensó dos veces. Así, Candado fue a buscar a Vargas y, tras recoger a Camarón en

San Fernando, se fueron los tres a Barcelona. Después de pasar una noche en la ciudad se fueron a Puigcerdá, donde se encontraron con Manolo de Marsella, que volvía de Francia. Ya en Olopte bajaron a la localidad próxima de la Seu d'Urgell a comprar comida para una semana. «José iba muy convencido de lo que quería hacer. Se hallaba ilusionado por su próximo lanzamiento internacional y estaba animado porque regresaba de Montreux, donde había tenido un éxito rotundo», recuerda Candado.

¿Cómo fueron aquellos días en Olopte? José Vargas, que acompañaba a José en un pequeño paseo diario, entretenía los ratos libres pintando (durante su estancia pintó tres o cuatro cuadros, algo para lo que tiene una especial habilidad); Manolo de Marsella se ocupaba de la cocina y Candado de que todo marchara bien y de hacerle compañía al cantaor. La casa estaba bien acondicionada —tenía televisión y calefacción— y no había por qué salir. Además, a Camarón le gustaba estar allí y le costaba moverse. «Sí salía a pasear, dormía... Pero se cansaba mucho.» Sin embargo durante aquellos días hubo algo que llamó la atención de Candado y le preocupó un poco: a Camarón se le hinchaban las piernas, y eso podía ser una de los primeras síntomas de la enfermedad que acabó con su vida. De todos modos era muy pronto para alarmarse y no le dió mucha importancia. Así, jugar a las cartas se convirtió en una actividad frecuente en aquel remoto pueblo montañoso: «Jugábamos mucho a la brisca y al tute, y siempre ganábamos El Mono y yo», explica Candado. Según recuerda, jugaban con pesetas, lo que no evitaba que Manolo de Marsella se enfadara aunque perdiera siete. Fueron unos días en los que la camaradería, la amistad y el cariño hacia Camarón se hicieron patentes, creando un ambiente donde el de La Isla se sintió como hacía mucho tiempo no recordaba. José Vargas recuerda: «Como estaba malusquillo, yo me levantaba más temprano, sobre las siete de la mañana, me tomaba mi café y luego le llevaba un café con leche y una pasta a la cama. Un día, cuando le llevaba el desayuno, me dijo: "José, qué buen gitano eres". Yo, por quitarle importancia, le dije que eso lo haría por cualquiera.» Porque las afinidades entre ambos eran muchas: gitanos, flamencos, amigos desde hacía tiempo. Como ya hemos dicho, muchas mañanas se iban los dos a caminar un rato por el paisaje agreste que rodea el pueblo. «A mí siempre me ha gustaba andar por el campo. Una vez le enseñé un hilo de agua que estaba congelado, el hielo formaba unas lágrimas muy bonitas. Él dijo: "Vaya, para hacerle una foto".» Aunque Vargas recuerda que en los paseos, donde trataba que cada día Camarón anduviera un rato más, éste al final se quejaba: «Ya no puedo más. Anda, vámonos ya para la casa».

Uno de los pocos festines que celebraron, porque Manolo de Marsella cocinaba sin apenas grasa, fue un puchero gitano, lo que Camarón acogió con gran entusiasmo. Explica El Mono: «Un día yo dije: "Te voy a hacer un puchero". Él dijo: "Niño, pero ¿tú sabes guisar?" Así, nos fuimos al pueblo, compramos los avíos y le hice el puchero. Cuando se estaba haciendo, dije: "Esto que no lo toque nadie", porque Manolo de Marsella quería echarle un poco de agua, pero al final salió riquísimo. "Qué bueno está esto, José", decía Camarón entre sudores.» Entre una cosa y otra, durante aquella estancia el cantaor logró su objetivo y su salud mejoró de forma evidente. Además de volver mucho más relajado, Camarón engordó entre ocho y diez kilos; más de uno, ya de vuelta en San Fernando, comentó que esa gordura no era normal.

A continuación, el primer proyecto en el que se pusieron a trabajar fue el del programa artístico de las olimpiadas. Pino estaba perfilando la inauguración y la clausura del evento, espectáculos donde el cantaor iba a tener un papel destacado. Sin embargo, cuando el primer director artístico del evento Lluís Pasqual fue sustituido y a Pino le propusieron compartir su idea con las productoras Ovídeo-Bassat Sport, este dejó el asunto. Aunque ello, de momento, no apartó a Camarón del programa.

Poco después, Candado recibió una llamada en su domicilio barcelonés del director de cine Bigas Luna: «¿Es usted Candado? Hemos hablado con Camarón y él nos ha remitido a usted», le dijo el cineasta. Tras ese primer contacto convinieron celebrar una entrevista en Barcelona aprovechando que el de La Isla tenía que ir a cantar al Palau de la Música. Aquel primer contacto con Bigas tuvo lugar en un restaurante con ocasión de una comida en la que estuvieron, además del cantaor, su mujer y Candado, Bigas Luna, otros artistas como María del Mar Bonet y diversas personas de la organización. En ese encuentro se dio a conocer la idea del cineasta donde Camarón encajaba, que era en la clausura. María del Mar Bonet haría el papel de Virgen María mientras que Cristina Hoyos —que interpretaría a una gitana con un niño muerto en los brazos— y su ballet también intervendría. En tanto, la voz en off del cantaor se dejaría oír: «Cuando los niños estudian / mi niñez era la fragua...». Al final acordaron que el artista interpretase una letra nueva. Esto se debió a que Camarón y Candado ya disponían de los informes de la vida discográfica del artista, un documento de la SGAE que recogía que sólo 27 de los 164 temas que Camarón había grabado estaban a su nombre y, como ya he dicho antes y además estaban compartidos, algo que preocupó al cantaor, a su entorno. Por eso pensaron que sería bueno que, en lo sucesivo, todos los temas que interpretara pudieran —en la medida de lo posible— registrarse a su nombre. Candado le encargó la letra a su hermano Sebastián, médico neumólogo que, además de interesarse por el cante, profesa un gran amor por la poesía y junto al que había firmado un texto en la revista *El Europeo* acompañando a una entrevista realizada al cantaor. La letra fue modificada dos veces por Sebastián porque a la organización le parecía muy dramática. Al final la participación de Camarón en el evento deportivo se quedó en nada. De ello informaba *La Vanguardia* el 7 de febrero de 1992: «Camarón recibe presiones para que renuncie a un recital en Barcelona». A continuación explicaba que Ovídeo-Bassat Sport, la empresa encargada de la organización de las ceremonias olímpicas «había retirado la invitación efectuada a Camarón de La Isla para participar en el acto de inauguración de los Juegos Olímpicos». Esta misma fuente explicó que, después de diversas entrevistas mantenidas en Arcos de la Frontera y Barcelona con su representante, Jesús Antonio Pulpón, para concretar los detalles de au intervención, los responsables de la ceremonia habían decidido precindir de la presencia del artista «sin que hasta el momento nadie nos haya dado ningún tipo de explicación al respecto», señalaba Pulpón. La organización lo atribuyó a un simple «cambio de guión», giro que excluía el cante de las ceremonias (cuyo responsable musical era Josep Carreras) y que se justificaban en que si Camarón intervenía en las Olimpiadas el gaditano actuaría en la misma ciudad en tres actos distintos y con poco menos de un mes de diferencia. La previsión era que el de La Isla, además de en la clausura de los Juegos, actuara en el XIII Festival de Flamenco de Barcelona el 19 de junio, y que el 3 de julio lo hiciera acompañado por Tomatito en el Teatro Grec, dos actividades incluidas en la programación del Festival de les Arts.

El primer síntoma inquietante de la enfermedad del cantaor, apareció —como sabemos— durante la estancia de Camarón en Olopte. El siguiente aviso fue un par de meses después cuando, a principios de noviembre, La Chispa telefoneó a Candado para decirle que su marido tenía un dolorcito en el lado que no se le quitaba. El de Santa Coloma le dijo que le hicieran una radiografía lo antes posible y que se la enviaran. La Chispa respondió que ya se la habían hecho y que en principio no veían nada, por lo que le habían recomendado un antiinflamatorio. En cuanto la placa llegó a Barcelona, Candado se la mostró a su hermano Sebastián. «Nada más verla mi hermano empezó a hacerme preguntas: "¿Tiene fiebre? ¿Se le hinchan los pies?". Yo le dije: "No sé, tengo que bajar y verlo".» Pero la primera impresión de Sebastián, que apreció una sombra en la radiografía, era que habría que hacer pruebas. Dijo: «¿Tiene placas anteriores para poderlas comparar? Esto puede ser la señal de una fibrosis quística causada por una antigua tuberculosis o algo así», aunque le parecía un cáncer incipiente. Enfermedad que ya se había llevado a los hermanos del cantaor Juan Luis y Francisco.

Mientras la compañía discográfica seguía presionando para acabar el disco, Camarón estuvo un mes en Madrid alojado en los apartamentos Pío, donde continuó el trabajo. «Yo lo veía mal, demacrado. Había perdido la mitad de los kilos que había ganado en Olopte, y el cantaor seguía quejándose: "Es que tengo un dolor aquí en el costado", decía.» Después, cuando se supo con certeza su enfermedad, Candado lo identificaría con lo que podría ser una incipiente metástasis en una costilla. Durante su estancia en Madrid, el cantaor decidió aceptar la oferta de Pino Sagliocco que, además de la propuesta de firmar con Poligram Internacional con mejoras sustanciales, le ofrecía un contrato de cinco años a cambio de una fabulosa cantidad de millones. «Pino se presentó con el contrato y con un Mercedes Camaro que al cantaor, que no se interesaba demasiado por el dinero, fue lo que más gracia le hizo. Aunque Camarón —que no se encontraba bien— fue bastante honrado ya de momento sólo aceptó delegar su representación fuera de España», explica Candado. Al parecer, eso asustó un poco a Pulpón, porque para él podía suponer que el artista actuara menos en España. La voluntad del de La Isla era acabar el disco y seguir adelante con su carrera internacional. Sin embargo, al poco y con el disco a medio grabar, Camarón dijo que se iba para La Línea, a pasar las fiestas de Navidad con su gente: «Me dijo que me fuera para allá con él, pero yo no podía», recuerda Candado, que pasó esos días bastante preocupado por la posible enfermedad de su amigo. A través del teléfono, durante las vacaciones siguió su estado de salud y supo que su dolor en el costado se iba acentuando, algo que cada vez le inquietaba más. «Yo le dije a La Chispa que había que ingresarlo en un hospital y hacerle pruebas a fondo. La Chispa me dijo: "Sí, pero tú ya sabes como es él".» Al cantaor, los hospitales no le hacían ninguna gracia y menos aún si el paciente era él.

Unas semanas después, Candado y su mujer se desplazaban a San Fernando y se encontraron con la sorpresa de que el de La Isla no estaba allí: «Han venido los Lucía y se ha ido con ellos a terminar el taranto de la Gabriela, tema que aún faltaba por grabar para el disco». Al día siguiente, Camarón volvió enfadado y diciendo que había vuelto porque no se encontraba bien, por lo que el tema se quedó sin terminar, algo que más tarde se arreglaría en el estudio. Cuenta Candado: «Yo le dije "¿Cómo estás?". Él me dijo que mal y que se quería venir a Barcelona con su familia.» Así, Candado regresó a su ciudad y se dispuso a buscar una casa —una planta baja— en Santa Coloma, pero las noticias que le llegaban desde La Línea no eran buenas. Al parecer, el cantaor estaba muy deprimido y no salía a la calle. La Chispa, como se aproximaba el día del santo de su marido y el de su hijo pequeño, le dijo a Candado que irían a Barcelona después de la fiesta. En esa conversación, Candado le confesó a ella por primera vez la posibilidad de que lo de su marido fuera algo grave: «Mi hermano dice que es muy probable que sea un cáncer». La Chispa, quizá por miedo a admitir la realidad, pensó que exageraba, aunque accedió a llevar a Camarón a Barcelona. Unos días antes del 19 de marzo se desplazaron a la capital catalana alojándose en principio en los apartamentos Augusta. José Candado ya había hablado con el doctor Agustí Vidal, de la clínica Quirón, y convinieron en ingresarlo para hacerle las pruebas. En tanto, La Chispa bajó a La Línea y volvió acompañada por los hermanos del cantaor Manuel e Isabel. Después de una semana, el mismo día del santo de ambos, Candado conoció el dictamen médico, un cáncer incipiente pero con muy mal pronóstico, por lo que Vidal no se atrevía a operar. El cantaor, que posiblemente ya intuía que podía ser algo delicado, no supo nada. Vidal habló con la familia y, tras una reunión con Candado, hicieron una primera valoración de la situación.

A continuación los acontecimientos se precipitaron ya que el doctor Condomines, colaborador de Antonio Agesta, sugirió viajar a la clínica Mayo, de Rochester, donde conocía a un cirujano que «se atrevía con todo». En el caso de que el cantaor tuviera que someterse a quimioterapia, propuso ir a Seattle, donde estos procesos se estaban realizando con una técnica innovadora. El médico catalán se encargó de arreglarlo todo y de cambiar a dólares los más de treinta y cinco millones de pesetas que costó la estancia. «Paco de Lucía llamó para preguntar cómo estaba Camarón. Yo le dije: "Paco, se muere". Él nos habló de un médico amigo de su mujer que estaba en Houston, pero ya estaba decidido lo de Rochester», recuerda Candado.

De este modo y junto a Juanita —la hija de Manuel—, La Chispa, Candado y Condomines, Camarón viajó a Estados Unidos. Candado recuerda que el cantaor de alguna manera ya intuía que tenía algo que no era bueno, aunque su reacción no era de alarma. «Se encontraba mal, claro, y no estaba muy animado, pero yo creo que la posibilidad de morir no era algo que le preocupara demasiado, al menos por él. Pensaba en su familia, no en él.»

Camarón y la pequeña pero afectuosa comitiva que acompañaba al artista fue de Barcelona a Seattle donde se alojaron en un hotel. Allí, Condomines realizó algunas gestiones particulares y dos días después volaron para Rochester. «En aquel momento José estaba animado, salimos y dimos una vuelta por la ciudad. Recuerdo que compró una cámara de fotos y una traductora portátil», dice Candado. El hecho de que el cantaor se encontrara relativamente bien contribuyó a que el médico catalán propusiera lo que luego resultó una anecdótica y estrafalaria excursión a la «vecina» Vancouver. El único problema consistía en que la «vecina» ciudad estaba a unos seiscientos kilómetros de distancia de allí, lo que convirtió el paseo en una interminable romería sembrada de despistes e incidentes. «Alquilamos un coche y nos fuimos para allá. El viaje se hizo interminable y mucho más para José, pues el dolor que tenía en el costado le hacía más incómodo el desplazamiento. Aquello no le sentó nada bien», explica Candado. En Vancouver comieron y volvieron enseguida para Seattle, aunque al final, entre que las carreteras eran interminables y que se equivocaron de camino tomando una carretera de montaña, no llegaron a su destino hasta la noche.

Por la mañana la expedición partió para Rochester, donde se alojó en el hotel Khaller, por cuya planta sótano se accede directamente al centro hospitalario Mayo. Al día siguiente Camarón visitó el hospital por unas consultas que debía hacer Condominas, quien de manera incomprensible regresó a Barcelona dejando a Camarón ya a la espera de su primera visita médica. En ese momento y hecha la inevitable provisión de fondos —obligatoria para poder ser atendido en la clínica— (de lo que se encargaron La Chispa y Candado), ya sólo les quedaba esperar.

Afortunadamente todo fue muy rápido y durante el tiempo que el cantaor estuvo allí apenas quería salir del hotel si no era para las visitas o para hacer las analíticas. Aunque la necesidad de hacer una fibroscopia le obligó a estar ingresado durante dos días. ¿Qué hacía por allí un Camarón al que cabe imaginar inquieto, preocupado y desubicado? Descansar, jugar a las cartas con Candado y poco más. «Bajábamos a comer al restaurante del hotel. Como no sabíamos inglés, aquello era un rollo. Al poco, cuando le cogimos el truco, pedíamos la sopa del día y luego alguna ensalada, con aceite de oliva y fruta» explica Candado. Afortunadamente, enseguida encontraron un buen sitio para comer donde el cantaor, cuando se animaba a salir, solía tomar puré de patatas, carne y un poco de Chardonnay de California. Porque pese a su estado el artista tenía sus ilusiones y no se resistía a disfrutar del viaje. Entre sus preferencias estaba la de realizar una travesía en barco por el Missisipi en una de aquellas naves en las que se puede jugar porque en realidad son casinos flotantes. «Yo le decía: "José, que eso está muy lejos". Y le recordaba lo mal que lo había pasado en el viaje a Vancouver.»

La marcha de Condomines complicó un poco las cosas y obligó a Candado a llamar a Antonio Agesta a Barcelona para pedirle ayuda. El hospital le ofrecía un intérprete al que había que pagar por horas, pero no parecía la mejor opción. Por mediación de Agesta, al final pudieron contactar con una iglesia que les envió una monja, la hermana Dory, que les hacía de guía e intérprete y con la que el grupo hizo buenas migas.

Mientras tanto, en España los medios de comunicación no dejaban de informar sobre el estado de Camarón, algo que ni a él ni a sus amigos les sentó bien porque ello preocupó a su familia y a sus hijos, pero era algo imposible de evitar.

Después de una semana de pruebas éstas habían concluido, por lo que sólo cabía esperar los resultados. Ello influyó de forma positiva en el ánimo del cantaor, que junto a Candado, que había encontrado un lugar donde tomar café, jugar al billar y a los dardos y escuchar música country, salía más a menudo.

Cuando les avisaron de que el diagnóstico ya estaba listo, Camarón y La Chispa fueron al hospital —que estaba conectado con el hotel por un interminable sistema de pasillos— a recoger el sobre con la información. «Enseguida me la enseñaron. Yo no sé inglés pero vi las radiografías y en ella aprecié que había un cáncer con metástasis que afectaba a la columna vertebral, lo que explicaba los dolores que José había tenido al principio», señala Candado. Al día siguiente éste habló con el doctor Quevedo, que fue quien le confirmó el estado del cantaor y que era irremediable. Como paliativo el único tratamiento era la quimioterapia, que podían administrársela en España, donde se encontraría mejor. El doctor citó a Camarón —acompañado por La Chispa y Candado— para el día siguiente. En la entrevista, Quevedo le planteó abiertamente a Camarón su enfermedad. «Ya sabe usted que estamos hablando de un cáncer que no tiene solución», dijo el médico. El cantaor, cuando escuchó por segunda vez el nombre de su enfermedad, se levantó y dijo que estaba mareado. «Hable con este hombre, dijo señalando a Candado, que yo me encuentro mal» y salió de la sala. Ya en el hotel, el de La Isla se echó en la cama para descansar. «Yo le dije: "Qué, ¿bajamos a comer u os queréis quedar La Chispa y tú en la habitación y yo bajo con Juana y os traigo un bocadillo?".» Candado, que, aunque tiene una espléndida memoria le cuesta mucho recordar aquello por el dolor que le causa, continúa hablando con la mirada perdida: «José dijo: "Quédate conmigo. Que ellas bajen y nos traigan un bocadillo". La Chispa dijo que se quedaba ella.» Pero Camarón insistió en quedarse con su amigo en la habitación jugando a las cartas. Algo que entonces y en aquel contexto hay que entenderlo como la necesidad de conversar con el que se había convertido en quizá la persona más cercana a él y con la voluntad de recabar algo más de información. Recuerda Candado: «Me cogió y me dijo "Siéntate aquí, pisha". Él me veía ausente y preocupado. "Te estoy haciendo sufrir, ¿no?" Y me pidió que le diera un beso, una manifestación de afecto muy común entre los gitanos. Cuando me acerqué a dárselo me dijo: "Hay una cosa chunga ¿no?". Yo le dije que sí: "Está muy delicada la cosa". Él, que era consciente de su enfermedad, no parecía darle una especial relevancia a su estado; dijo que si aquello no tenía solución no tenía mucho sentido preocuparse. "Que me quiten este dolor y nos vamos"».

Candado le explicó que allí le darían unas sesiones de radioterapia para mitigar el dolor y que en España le harían quimioterapia, pero que ya no tenía mucho sentido quedarse. «Lo que siento es que me parece que no voy a poder hacerte un homenaje después de todo lo que has padecido conmigo», le dijo el cantaor.

Por la noche fueron a cenar al restaurante donde solían ir a comer pollo y a jugar al billar. Los días siguientes, mientras duró el tratamiento, fueron tranquilos porque Camarón llevó bastante bien el proceso, aunque solía quedarse descansando en el hotel.

Su intención era trasladarse a Santa Coloma. Allí se sentía muy a gusto —podría salir con tranquilidad sin que nadie le molestase— y tenía el apoyo de Candado y de su mujer Isabel, con la que al de La Isla le gustaba mucho hablar. En su decisión de trasladarse a la ciudad catalana también influía el hecho de que no quería que sus hijos le vieran sufrir. Conocía muy bien la enfermedad porque dos de sus hermanos habían muerto por la misma causa y no quería que los suyos lo vieran en ese trance.

El retorno de Estados Unidos fue un poco complicado por algunas cuestiones burocráticas. Condomines había reservado el hotel y los billetes desde Barcelona a través de una agencia, pero al parecer había que pagar algo más. «Llamamos a la hermana Dory —a quien La Chispa le escribió más adelante una carta de agradecimiento— para que nos echara una mano. Al final pagamos un poco más y con su ayuda pudimos comprar los billetes». De allí partieron a Madrid, y salvo Candado, el resto siguió para La Línea.

Dos semanas después del regreso, Camarón y su mujer se desplazaron a Barcelona para la quimioterapia. Aquellos días fueron un poco complicados para todos. A la enfermedad del artista y a sus oscuras perspectivas había que sumar el hecho de que muchos gitanos de la Iglesia Evangelista acudían a casa de Candado —donde estaban Camarón y La Chispa— e incluso al hospital para apoyar al artista, aunque eso al parecer no le ayudaba demasiado. La intención del artista era volver a La Línea después del tratamiento y luego regresar a Santa Coloma. Camarón estaba muy a gusto en la ciudad barcelonesa, donde le llegaban apoyos y los mejores deseos de muchas personas.

Desgraciadamente y de forma paralela, el asunto de los derechos de autor de los temas grabados por el cantaor empezó a cobrar actualidad, algo motivado también por la preocupación del artista por el futuro de su familia. Ello hubiera sido algo fácil de prever si Camarón se hubiera preocupado en su día de ver qué pasaba con los temas que él grababa, cuestión de la que nunca se preocupó porque el dinero no era algo básico para él. Aunque ello no le daba derecho a otros a interesarse demasiado y acabar registrando a su nombre el 84 por ciento de los temas que grabó el artista.

Ante estos hechos, con su visto bueno y con el apoyo que las personas de su entorno pudieron conseguir, el cantaor dio la voz de alarma en el programa de televisión *Informe Semanal* realizado tras su regreso de la clínica Mayo. En él, Camarón, cuyo precario estado de salud era evidente, reclamó para sus hijos la mitad de los derechos de los temas no registrados a su nombre. «Me he encontrado, después del susto tan grande que le han dado a mi familia y a mí, que la obra no es mía. Si es verdad que he aportado algo al flamenco, quiero que quede algo. Por lo menos la mitad para mis niños y mi familia», dijo ante las cámaras. Estas palabras fueron un escándalo y desataron los rumores después de su muerte, salpicando especialmente a la familia Lucía, sobre todo a Paco.

El 13 de junio Camarón y La Chispa viajaron de nuevo a Barcelona para una sesión de quimioterapia, y se quedaron como siempre en casa de Candado. Por voluntad propia y también por recomendación de los médicos era mucho más recomendable la estancia en un entorno familiar que en un hospital.

El cantaor, de momento, soportaba bastante bien el tratamiento, algo que ni siquiera le hizo perder el pelo, o por lo menos el suficiente para que él lo apreciara. Aunque por Ginés, un vecino y amigo de Candado que a veces acompañaba al artista a pasear, Camarón accedió a cortárselo. Pero aquellos fueron días tranquilos de paseos por la orilla del sucio río Besós a su paso por Santa Coloma; de ratos en los que Camarón se fumaba a escondidas los cigarros que con cuentagotas le facilitaba Ginés, tomaba sus habituales cafés con leche, en vaso, bien calientes, con dos sobre de azúcar como tenía por costumbre y después de limpiar concienzudamente el borde con una servilleta. El resto del tiempo lo pasaba en casa en compañía de Candado y su mujer, que le suministraba el tratamiento además de hacerle compañía. Una vez concluidas las sesiones, Camarón y La Chispa volvieron para La Línea, donde entre algunas visitas a la iglesia y los ratos de descanso el de La Isla pasó aquellos difíciles días en la inminencia de que algo grave iba a suceder.

La noche del 29 de junio, Candado recibió una llamada desde La Línea —cree recordar que de La Chispa— en la que le decían que Camarón se encontraba muy mal y que iban para Barcelona. Habían tomado el último vuelo que salía de Sevilla y llegaron al aeropuerto de El Prat alrededor de medianoche. Camarón —tan vital, tan capaz para la alegría y también para la tristeza— extremadamente delgado y con ese color propio de la enfermedad iba en una silla de ruedas empujada por La Chispa. Candado recuerda que no quiso mirarlo a la cara porque se le saltaban las lágrimas. «Le toqué el brazo sin mirarle y me fui a buscar las maletas.» Acompañando al cantaor iba también su hermana Isabel, que junto al resto del grupo se fue al hotel. Candado llamó enseguida a Agesta. Tras hablar con el doctor Rosell lo llevaron inmediatamente al Hospital Germans Trias i Pujol de Badalona, muy próximo a Santa Coloma. Apenas entrar al centro, del que ya no saldría con vida, le pusieron oxígeno y le hicieron pruebas. «El doctor Rosell me dijo que venía muy mal. Que el índice de PO_2 en la sangre estaba muy bajo, aunque de esas crisis se recuperó», explica Candado. El día siguiente el de La Isla permaneció durante todo el día en el hospital, donde Candado se quedó hasta las dos de la madrugada. «Estando como estaba no dejaba de preocuparse por nadie. Me decía: "Ha venido Manolo de Marsella, ¿no? ¿Dónde va a quedarse a dormir?", preguntaba con su careta de oxígeno puesto y con La Chispa siempre a su lado.»

A aquella habitación iba también muy a menudo dos matrimonios de pastores evangélicos que rezaban y alborotaban mientras Camarón miraba sin decir nada. Eran tantas las visitas que Candado y Manolo de Marsella se retiraban para no molestar. Camarón, cuando La Chispa iba a comer, se quedaba con Ramón *El Agüita*, momentos que aprovechaba para fumarse un cigarrillo, algo que a pesar de su gravedad no olvidaba. «Una de aquellas noches me llamó al lavabo y me dijo que le buscara un par de cigarrillos —recuerda Candado—. Lo vi muy entero siempre, me llamó mucho la atención y a menudo pienso en ello. Por mi trabajo he visto morir a muchísimas personas y sólo dos me han impresionado, una de ellas, José. Le vi esperar la muerte con una entereza y una dignidad realmente difícil de creer». En este sentido vale la pena destacar las palabras del doctor Rafael Rossell, que fue quien le atendió en sus últimos días: «Yo he puesto énfasis en que Camarón fue un enfermo ejemplar. En ese aspecto fue un hombre muy dulce. Demostró un gran estoicismo, y externamente en ningún momento preguntó nada, ni se mostró inquisitorial ni humanamente prolijo en preguntar por matices de su enfermedad (...) Como estaba muy cansado, apenas decía nada pero era muy agradable, un hombre muy dulce, muy sencillo. Te sorprende un poco de un enfermo esta dulzura de carácter, de quejarse poco a pesar de que tenía razones para estar de mal humor o irritado, sin embargo en ningún momento se mostró irritable ni nada parecido. Era una persona sumamente educada y correcta». Sin ninguna voluntad de echar incienso sobre la figura del cantaor hay que reseñar que la noche anterior había tenido lugar una anécdota muy significativa de su calidad humana; Ginés, un vecino de Santa Coloma al que Camarón salió a visitar le dijo a Candado: «Anoche estuvo aquí conmigo y me preguntó "¿Cómo estás?", "Yo no lo veo claro", le comenté. Él me dijo que si necesitaba dinero para ir a América me lo dejaba. "Pero lo nuestro no tiene solución", le dije yo.»

La última noche Camarón fumó su par de cigarrillos y se tomó un tranquilizante. «Yo lo veía bien. Sin careta, ni nada. Me dijo: "Tú lo que tienes que hacer es irte a casa a descansar", pero estuve allí un par o tres de horas más. Al final me fui a las tres». Aquélla sería la última vez que Candado vería con vida a quien se había convertido en alguien tan cercano como un familiar y en cuyo interior (como el Jonás de la Ballena) había acabado viviendo. Al llegar a casa, después de dos días sin dormir, el de Santa Coloma se tumbó en la cama sin cambiarse y se quedó dormido.

En la habitación del hospital estaban en ese momento la mujer de Camarón, su hermana y el tío de La Chispa, Ramón *El Agüita*, que les dijo a las dos mujeres que se fueran a descansar. El médico ya le había confirmado que al cantaor le quedaba muy poco de vida porque sufría una insuficiencia respiratoria. «Me senté en la cama con él. Me cogió la mano y me clavó las uñas. "¡Hay que ver! Con el fuelle que yo tengo y me estoy asfixiando", me decía. Yo le dije: "José, eso es el resfriado que tienes".

Luego me clavó las uñas y me dijo algo que ya me había dicho antes, que cuidara a su hijo Luis. Luego, preguntando varias veces a su difunta madre qué es lo que tenía: "Omaita mía, qué es lo que me pasa a mí", me volvió a tomar la mano, me clavó las uñas muy fuerte y ahí se quedó. El último beso que se llevó fue el mío», recuerda con tristeza el tío de la Chispa.

En cuanto Camarón murió, Ramón salió de la habitación y les dijo a las dos mujeres que no pasaba nada, pero La Chispa e Isabel lo intuyeron y cayeron al suelo desmayadas. «Por allí había un joven, un futbolista escayolado, que nos ayudó. Las metimos en una sala, les dieron un calmante y se tranquilizaron», explica El Agüita.

Al momento, el teléfono sonaba en casa de Candado: «"Vente, corre", me dijo su hermana Isabel... Cuando llegué, al principio no me dijeron lo que había pasado. Me explicaron que le había dado una crisis y que se lo habían llevado. Hablé con el doctor Rosell. "¿Qué ha pasado?" El médico me dijo que había tenido una insuficiencia respiratoria y una complicación renal y no había podido superarlo».

El cadáver de José Monge fue llevado al quirófano de urgencia de donde lo trasladaron al antequirófano. Recuerda Candado: «Su cuerpo estaba aún caliente. Parecía dormido. En aquel momento parece que alguien me dio fuerzas, porque eran las 7 de la mañana y a las 10 ya estaban arreglados los papeles para trasladarlo a San Fernando, aunque debían de pasar veinticuatro horas tras el fallecimiento para que se pudiera certificar la muerte». Aquel día fue muy intenso. A las ocho de la mañana, el alcalde de San Fernando llamaba a Candado para preguntar cuándo trasladaban al cantaor a su ciudad natal. «Yo estaba muy nervioso y me pareció una falta de ética. El cadáver estaba aún caliente y ya me estaba preguntando por el traslado.» Mientras, en La Isla, Lolo Picardo explica que el director de la emisora de radio municipal le llamó para darle la noticia. A continuación la transmitieron por la radio y luego pusieron la «Nana del caballo grande». «Nos fuimos a casa de su hermano Manuel, a ver si era verdad y lo vimos en la calle, llorando y nos abrazamos», explica el mayor de los Picardo.

Por la noche, embalsamado, maquillado y vestido —«con su chaquetita roja» recuerda Ramón—, el cadáver del artista fue expuesto en el tanatorio, donde desfilaron muchísimas personas, sobre todo gitanos; comunidad que se había ofrecido a hacerse cargo de los gastos. Al día siguiente, el 3 de julio, viernes, y con el cantaor en el ataúd, La Chispa, Isabel, Ramón, Candado y su hermano Sebastián, salieron para el aeropuerto de El Prat donde tomaron el avión que les llevó a Sevilla. Allí esperaban las autoridades, por cuya puerta —que sólo se abre en contadas ocasiones— pasó el féretro y lo depositaron en un coche; una caravana formada por muchos automóviles partió para San Fernando.

Candado llegó a La Isla antes que la caravana, hacia las seis de la tarde; el cadáver se quedó en el ayuntamiento, adonde acudieron miles de personas. «Fue una noche larga y extraña; la precipitación de los acontecimientos, la sensación que se tiene cuando te abandona un ser querido y todo el ruido que había organizado alrededor me tenía un poco desconcentrado», explica Candado. El amigo de Camarón pasó esa noche en San Fernando (por las calles cercanas al ayuntamiento no se podía pasar) junto a Tomatito. «Fíjate la gente que había que el ataúd lo tuvieron que entrar a hombros desde el puente de Zuazo porque ni el coche podía pasar. Luego lo metieron en la sala de plenos, donde durante toda la noche se veló el cadáver. La cola parecía un serpentín que no se acababa porque la gente salía y volvía a entrar», comenta. Fue una noche muy tensa, por razones lógicas aquello no estaba bien organizado: «Al principio no me dejaban pasar; ni a mí ni a Enrique Morente». A Candado le llamó la atención que no hubiera mucha gente de San Fernando. «Muchos, la mayoría, eran de fuera.» Por la mañana, el cadáver fue llevado a hombros —en competencia, porque todo el mundo quería llevar el féretro— a la iglesia del Carmen. Allí hicieron una misa y salieron hacia el cementerio, donde apenas se podía entrar. Después del entierro, Candado le dio a La Chispa toda la documentación, el DNI del cantaor y se fue para Barcelona. Antes pasó por Jerez, donde estuvo con José Vargas, *El Mono*. «Yo parecía un zombi. Estaba comiendo y me quedaba dormido.» Desde Sevilla, Candado y su mujer Isabel cogieron el último vuelo y regresaron a Barcelona.

Para hacerse una idea sobre cómo La Isla y su gente vivió el entierro del cantaor, vale la pena reseñar el hermoso, vibrante, escueto y descriptivo texto que Sebastián Candado, el hermano de José, escribió para el número 79 de la revista *Sevilla Flamenca* con el título «La muerte de un Dios»:

Cuando los gitanos de la Baja Andalucía y de otras tierras aún más lejanas supieron que Camarón de La Isla había muerto, un largo y turbulento peregrinaje los llevó hasta el lugar donde reposaba el cuerpo yacente de su dios o de su rey.

Acudieron destrozados por la pena. Esperaron horas en la entrada del Puente de Zuazo; era ese instante en que el sol rojo lamía como un animal sangriento las salinas de Sancti Petri, cuando la noche limpia y olorosa de estrellas fue cubriendo el paisaje del llanto. Se hizo así la noche, esta vez era más negra que nunca, y mucho más sofocante, como un manto de luto. Los gitanos se volcaron en una desesperación mágica; estaban consternados y eran incapaces de cantar, presos del llanto inconsolable y con sus rostros sobrecogidos por el sufrimiento, tenían en los ojos y en las bocas esas muecas terribles, inmersos en una congoja y en un desconsuelo extenuantes. Se abrían así los paisajes de la siguiriya, pero esos cantos también permanecían mudos, ahogados por las lágrimas. Las voces de los corros estaban sumidas en la pena grande, inconmensurable, la pena oscura de raíces milenarias, la pena onírica de los instintos, y en cada rostro sin distinción ni edad existía la mirada escocida de la amargura, el nudo de la garganta, la rabia y ese indefinible misterio que tienen todos los sentimientos más tristes y terribles del alma.

Al bajar el féretro, fue llevado a hombros hasta la capilla ardiente. El cortejo se detuvo un momento frente a la Venta de Vargas, otro sitio sagrado en la geografía de aquel Dios extinto, y allí alguien, una mujer madre y ya anciana que se llama María Picardo, dijo para sus adentros: «Ese cante no se volverá a repetir». Luego continuó el cortejo hasta los salones lujosos y el ataúd fue depositado en la capilla ardiente. Toda la noche lo velaron, lo protegieron con la delicadeza y la ternura que se merecía. Había grandes coronas de flores cubriendo el sarcófago y la luz tímida y temblorosa de los hachones recortaba sobre las paredes la sombra de una cabeza amable, de una gran hermosura y poblada de ondulados cabellos rubios, y era como un ángel desamparado en la resurrección.

Todos los gitanos subían y bajaban para verle y hablar a aquella hermosa divinidad. No podían admitir que su dios, o su mejor rey, hubiese desaparecido, porque los dioses eran inmortales. Para consolar su amargura, para aliviar el trance doloroso y la tristeza que les removía por dentro, los gitanos buscaban el alivio en las tabernas crispados por una euforia doliente y milenaria. Sin embargo, en aquellos salones vetustos y alumbrados por pesadas lámparas de araña, en los sillones dorados, entre los óleos de ilustres personajes de la Restauración borbónica y los espejos donde se acumula el polvo, hombres y mujeres de otra raza y otra estirpe vestían de luto y pasaban las horas de la noche, mal afeitados y con las manos cruzadas, oscuros de piel, visiblemente llorosos, turbados por la desgracia, pasaban las horas hablando en voz baja o sólo miraban hacia el vacío que había dejado aquel dios de sus músicas.

Al amanecer, San Fernando de blancura salina volvía a anegarse en la lujuria de un llanto interminable. Prosiguió, a hombros, la comitiva hasta el camposanto. Fueron los momentos de las palabras de despedida y de los alaridos negros, de las sudorosas cadenas humanas y los gritos dolorosos, del desgarramiento inconsolable mientras aquel cordón de hombres, abrazados, abría el camino de su dios y se veía sosteniendo la caja los rostros más grandes: José y Manuel Monge, Ramón y Diego Montoya, Tomatito, Rancapino, Manuel Amador o Juan Villar, otros desconocidos, toda esa estirpe de una raza que no tiene tierra propia pero sí un inmenso cielo donde vivir y cantar y llorar por sus dioses.

De la muerte de Camarón se hizo eco la prensa española y extranjera y las manifestaciones de condolencia y de dolor por parte de todo tipo de artistas y autoridades fueron tantas que es imposible mencionarlas a todas. Aunque las coincidencias en todas ellas eran evidentes; algunas era simples comunicados y otras —la inmensa mayoría— muy sentidas.

Después del fallecimiento del artista y ante los acontecimientos sucedidos durante el entierro, donde algunas personas con los ánimos un tanto exaltados llamaron ratero a Paco de Lucía en alusión a la polémica sobre los derechos de autor, el asunto volvió a saltar a los medios de comunicación. Como sabemos, la propiedad de los derechos de autor de los temas grabados por Camarón había sido noticia después de que el cantaor participara en el programa *Informe Semanal* al advertir que los informes del SGAE de su vida artística sólo registraban a su nombre 27 de los 164 temas que había grabado.

Las opiniones de muchos artistas que aparecen en este libro sobre que el cantaor isleño era sobre todo un creador despejan cualquier duda. Desde el punto de vista legal, un informe elaborado por Antonio Agesta sostenía la tesis de que la obra discográfica del cantaor debía considerarse, cuando menos, «colectiva». Sobre ello arroja algo de luz Candado cuando señala que, si bien la colaboración discográfica entre Camarón y Paco de Lucía fue muy fértil, el de La Isla llegó a Madrid ya «hecho» como cantaor; prueba de ello es su larga carrera artística que empezó a los ocho años y que culminó con el premio del Festival Flamenco de Mairena del Alcor. Algo que resulta fácil de apreciar si se escuchan los primeros discos donde el cantaor participó, como la grabación con Sabicas o la de Lipmann & Rau. Esto subraya la aportación de Camarón a una obra discográfica de la que él —y ahora sus herederos— posee menos del dieciséis por ciento de la propiedad.

Para Agesta el problema con los derechos de autor se debía a que la gran mayoría de los temas que grabó Camarón —que no constan a su nombre— fueron registrados por terceras personas que a menudo ni tocaban la guitarra ni interpretaban. Se limitaban a «buscar en el acervo popular una letra que tuviese el plácet de cantaor y guitarrista», pensando que ello les autorizaba a poner en la grabación su nombre como autor de letra y música. Según Agesta, la Ley de la Propiedad Intelectual en su artículo 10 protege tanto a la música como a la letra siempre que estén colocadas en soportes y sean originales; toda obra de música ligera tiene dos autores, el de la música y el de la letra. Sin embargo, a pesar de que la citada ley no reconoce la figura del ejecutante, es decir del intérprete (Camarón) en este caso y atendiendo al derecho moral, las personas que registraron a su nombre los cantes que el cantaor grabó «le debieron ceder parte de los derechos de autor», por lo que hay que hablar de una obra de «creación colectiva». Lo que este abogado especializado en asuntos de la propiedad intelectual ejemplifica desgranando el «iter» de una soleá: «Melodía cantada. Es un cante antiquísimo. Lo crea y recrea el cantaor. Acompañamiento de guitarra. El guitarrista toca una melodía diferente de la del cante, quizá siglos posterior. Relaciones entre guitarra y cante. La melodía del cantaor es libre y el acompañamiento no obliga al cantaor a terminar dentro del ciclo de la guitarra».

El tema de fondo planteado por Agesta sobre la propiedad colectiva de la obra discográfica, según Miguel Pérez Sóliz, abogado y jefe de la Asesoría Jurídica de la AIE, ponía sobre la mesa «un problema autoral complejo», algo que hubiera podido resolverse con un arbitraje de la SGAE antes de iniciar un procedimiento judicial, lo que sin lugar a dudas hubiera creado un interesante debate. Aunque al final, a la familia, el dolor por la muerte del ser querido le pudo más que la polémica, por lo que el asunto quedó aparcado.

¿Cuánto dinero había en juego? ¿Cuánto habían generado los derechos de autor de los temas grabados por el cantaor? Sin duda una cantidad considerable, porque aunque Camarón —como informó Nacho Sáenz de Tejada en un espléndido reportaje publicado en *El País*— hasta el día de su muerte no había vendido muchos discos si tenemos en cuenta su dimensión artística y quién era en aquel momento. A 14 de julio de 1992 había vendido 361.172 ejemplares, aunque después de su muerte las ventas se dispararon. Pero hasta ese momento, los discos vendidos habían generado una cantidad de dinero cercana a los novecientos millones de pesetas. Que él no hubiera percibido ni cincuenta y que no pudiera beneficiarse de los derechos de autor de esos temas parece tan injusto que cae por su propio peso. Y aunque es cierto que alguna de las personas bajo cuyo nombre se registraron la mayoría de los cantes grabados por Camarón se ofreció incluso a ceder su parte correspondiente, como sucedió con Paco de Lucía, a día de hoy al parecer la situación no ha cambiado.

Diez años después de la muerte de Camarón —en 2001 hubiera cumplido cincuenta años—, su memoria está más viva que nunca. Desde su desaparición se han editado varios libros y discos, una colección que recopila su obra completa que incluía otro CD con «Rarezas», el de París 1987, que recoge grabaciones inéditas en directo del recital ofrecido junto a Tomatito en el Cirque d'Hiver de París de ese año y finalmente el que lleva por título *Antología Inédita*, todos ellos editados por la compañía Universal. Por contrato y mientras la discográfica lo vaya renovando con permiso de los herederos de Camarón, es la única que puede publicar los temas del cantaor isleño. Este último trabajo da una imagen global de la intensa trayectoria profesional de Camarón e incluye piezas de cuando era casi adolescente, otras de la época de mayor esplendor artístico y varias registradas poco antes de su muerte. Aunque el legado discográfico de Camarón podría verse ampliado si la Universal diera más facilidades, ya que todavía hay abundante material inédito del cantaor; algo que cualquier día de estos puede hacer saltar la sorpresa y dar una alegría al gran número de seguidores del artista.

Además de las cuestiones relacionadas con su discografía y de algunos homenajes, el hecho de que en 2001 se celebraran los que debían haber sido los cincuenta años del artista con una exposición dedicada al cantaor y la entrega de la cuarta Llave de Oro del cante flamenco a título póstumo hizo que los medios de comunicación volvieran a centrarse en Camarón. Y de nuevo surgió la polémica. Así, partidarios —que fueron la mayoría de los artistas— y detractores —algunos críticos y pocos artistas— discutieron sobre la entrega de la simbólica distinción. La última la había ganado Antonio Mairena en concurso, pero las otras se habían concedido de forma espontánea a petición de público, crítica y cantaores. «No se le puede quitar la Llave a un muerto para dársela a otro», dijeron unos aludiendo a su anterior poseedor Antonio Mairena; sectores conservadores entre los que se encontraban figuras como las de los presidentes de las fundaciones Antonio Machado y Antonio Mairena de Sevilla y cantaores como El Lebrijano y José Meneses. «Camarón ha hecho mucho daño al flamenco», declaró José Manuel Caballero Bonald, palabras que no hay que personalizar en el cantaor de La Isla y sí quizá en su figura y en lo que ésta incidió en el género. Sin embargo, la concesión de la Llave a Camarón —solicitada por la Diputación de Cádiz y el ayuntamiento de su ciudad natal— le fue otorgada por aclamación popular, algo que la gran mayoría de artistas —entre los que estaban Paco Cepero, Tomatito, Vicente Amigo, José Mercé, Rancapino, Pansequito, Santiago Donday, Manuel Carrasco, Chano Lobato, Raimundo Amador, Niña Pastori y Sara Baras— apoyaron con el argumento de que Camarón no sólo merecía la llave sino también la puerta y la casa.

Ha pasado ya casi un año desde que visité por primera vez la tumba de Camarón, quien ahora, y sin que me haya dado cuenta, ya es José también para mí. Pero en este pequeño y coqueto cementerio municipal de San Fernando, nada parece haber cambiado salvo el tiempo, algo más fresco que entonces. Manuel, el hermano mayor del cantaor, sigue ocupándose diariamente de que todo esté en su sitio y la delgada pátina de polvo que el viento deja sobre el mármol sigue también ahí; el cielo es igualmente azul y el aire salino del mar llega con la misma naturalidad que hace unos meses a este lugar donde el tiempo parece flotar detenido y la calma reina con igual parsimonia. Quizá porque esté a punto de cerrar sus puertas y porque esta tarde de marzo de un día laborable, el camposanto y el panteón del cantaor, que tiene visitas y flores a diario, no parece ser el momento de mayor afluencia de público.

Nada, como decía, parece haber cambiado de forma sustancial, aunque la sensación que tengo ante la tumba de este hombre cuya memoria ha ocupado una pequeña parte de mi vida y cuya huella en mí ha sido más profunda de lo que esperaba, es distinta. Es cierto que he logrado saber algunas cosas de él, quizá más de las que creí al principio aunque no tantas como me habría gustado: uno siempre quiere saberlo todo. Algunos interrogantes no tienen respuesta porque chocan con las limitaciones que impone el tiempo y el espacio y porque, aunque éstas cambiaran, seguirían sin tenerla. He conocido a la familia de Camarón y su entorno afectivo que incluye a las personas más importantes para su vida y creo tener una idea aproximada cómo fue él por encima de los clichés, las leyendas que inventa la pasión y lo que ser un mito lleva consigo. Pero por encima de las inevitables preguntas sin respuesta me asalta una duda: ¿En qué medida el milagro que es la vida de un hombre —especialmente una existencia tan vertiginosa como fue José Monge— puede reflejarse en unas páginas? ¿Hasta qué punto es posible captar la esencia de una forma de ser tan simple y a la vez tan compleja como la de este genial cantaor cuyo valor más alto —como ya dije— fue sobre todo el de ser hombre?

Estos meses de trabajo llenos de dudas, sorpresas y cuestiones que a veces me parecían irresolubles (desde el punto de vista periodístico, la vida de Camarón es un campo sembrado de minas y estoy seguro de que yo no he escapado de pisar alguna), ni tengo suficiente perspectiva ni soy la persona adecuada para valorar mi trabajo; por otro lado tampoco he tenido tiempo para digerir el aluvión de estímulos y sensaciones de todo tipo que me ha tocado vivir. Aunque la huella más profunda la han dejado las personas que he tratado: gente casi siempre de una sencillez, elegancia y generosidad ante la que era imposible no aprender y a la vez no sentirse abrumado. Ese desprendimiento en todos los sentidos hacia mí y hacia Candado (hacia él era normal aunque no tanto hacia mí) sobrepasó siempre con creces el de la cortesía de rigor. Por eso, de todo ello me queda clara una cosa: Camarón también estuvo a la altura cuando escogió a su gente, unas personas que casi siempre fueron las mismas y que conservan el mismo cariño, respeto y discreción hacia él que le profesaron. Por eso, aparte de los tópicos y de los lugares comunes, no puede ser casualidad que personas de entornos, culturas e intereses tan dispares, coincidan de esa manera y sobre todo en una cuestión: por encima de los valores artísticos de José Monge Cruz sobre los que no puedo decir nada nuevo, los humanos (la sensibilidad, la dulzura, el orgullo, la sensación de desamparo, la alegría, la tristeza y otros parecidos) están siempre presentes cuando se habla de él. Mi relación con José Candado también ha ido cambiando. Juntos hemos pasado muchas horas y eso ha hecho que de la falta de trato y de las inevitables reservas iniciales, esta pequeña aventura nos haya acercado el uno al otro. He tenido tiempo de pensar en el papel tan difícil y desagradecido que su amistad y su lealtad hacia Camarón le obligaron a jugar. Aunque a él, la recompensa de haber tenido la confianza y el cariño de Camarón, sigue siéndole más que suficiente. Le he visto pasar algunos ratos difíciles al hablar de algunos aspectos de la vida, de su relación y de ciertos momentos vividos con su amigo, algunos especialmente difíciles (para mí tampoco han sido fáciles) en los que las lágrimas han estado a punto de brotar de sus ojos, instantes en los que hundido en la silla, parecía que no iba a responder más a ninguna de mis preguntas o por lo menos a no hacerlo durante los próximos quince años. Afortunadamente eso no fue nunca así. Además, su comprensión ante mi ignorancia sobre algunos temas —no siempre relacionados con el flamenco sino también con una cultura que me era mucho más lejana y desconocida que a él— ha sido mucha. Mayor que la gracia que le ha hecho ver cómo me desenvolvía en algunas situaciones que para mí eran nuevas, que él ya había vivido muchas veces y ante las que era difícil no reírse. Por eso mi agradecimiento hacia él es mucho. El mismo que para todas las personas que he ido conociendo durante estos meses y que además de su cariño me han dado el pan y la sal.

Ahora son las 17:50 y el timbre que avisa el cierre del cementerio municipal ha sonado ya dos veces. Al pie del panteón de Camarón, mientras aprecio que estoy cerrando una página de mi vida, espero a mi compañero. Echo una última mirada a la tumba y, sintiéndome doblemente acompañado, nos dirigimos a una puerta que la empleada del cementerio cierra con un golpe cuyo eco se pierde detrás de nuestros pasos.

Se muere según viene la cosa, se muere de la muerte que forma parte de la enfermedad que se sufre. (Pues desde que se conocen todas las enfermedades se sabe perfectamente que las diferentes salidas mortales dependen de la enfermedad, y no de los hombres: y el enfermo, por decirlo así, no tiene nada que hacer.)

R. M. RILKE

Es todavía reciente y me siento muy afectado por la muerte de mi amigo. De hecho, a mí me ha tocado vivir la peor etapa de su vida, y he tenido que inventarme los dificilísimos discursos de consuelo y esperanza, cuando sabíamos que era algo irreversible y en un tiempo demasiado corto se impondría la fatalidad. El haber estado durante esos meses haciéndole compañía me ha proporcionado, sin embargo, la enorme satisfacción de demostrarme a mí mismo hasta qué punto mi amistad fue desinteresada; y si mi apoyo, pienso, le sirvió de algo durante la crisis de la enfermedad, si conseguí en algún momento remontar su ánimo, eso me reafirma en el convencimiento de que nada nos dignifica tanto como llevar a término nuestro deber moral con quien en momentos tan difíciles nos entregó su confianza.

Mientras escribo estas líneas me vienen a la memoria muchísimos recuerdos y no todos son agradables; quiero decir, sencillamente, que mi experiencia de aquel tiempo de amistad compartida está ahora sumida en el desconsuelo y la nostalgia. Me cuesta hacerme a la idea de que no podré acompañarle en sus viajes y de que no estaré a su lado durante las actuaciones, cuando vivíamos aquellos ratos inolvidables en los camerinos o en las habitaciones de cualquier hotel y él, no demasiado explícito en sus conversaciones, me confiaba algunos de sus íntimos secretos.

Aunque eso me parece casi irreal, sé que no lo es; sé que la muerte ha dejado una profunda amargura en mí y que los decorados de la memoria permanecerán intactos, lúcidos y espléndidos ante mis ojos. Me será difícil olvidar que Camarón y yo luchamos por ahuyentar al jinete del Apocalipsis que irrumpió inesperadamente con su corcel, blandiendo día y noche su espantosa guadaña. Debió de ser por el año sesenta y cuatro cuando oí hablar por primera vez de Camarón de La Isla. Entonces era un adolescente que se interesaba en los clanes cerrados del cante gitano que se hacía por aquella parte de Andalucía, en los viveros enigmáticos y puros de Jerez o de Chiclana. En esa época yo tenía ya algunos contactos con familias gitanas (eran las primeras incursiones en un mundillo al que mi afición por lo flamenco y la constancia me habían llevado) y conocía a José Vargas, *El Mono de Jerez*, que era un artista que desbordaba simpatía y duende gitano. Podía acudir a fiestas privadas sin ser rechazado como payo y tuve ocasiones de asistir a alguna de las que se daban en los patios de las casas gitanas, en el Arco de Santiago, por entonces un reducto de la tradición y donde aún se mantenía con exquisita pureza el cante étnico, y a la vez misterioso y antiguo. En aquellos ambientes de los años sesenta, hoy en parte degradados, se mantenía aún viva la esencia racial y existían cantaores puros, soberbios, rancios y sabios, cuyos nombres estarán siempre en la memoria de los aficionados.

¿Quién no recuerda al Tío Borrico, o a Anica la Piriñaca, a Sernita, o a otros más recientes, como Terremoto y Sordera? Por entonces, quizás en el sesenta y seis, tuve ocasión de escuchar cantar a Camarón en el concurso de cante de Mairena del Alcor, que supuso un paso importante para él en su rapidísimo camino hacia la fama ya que obtuvo el primer premio.

Aquel gitano rubio despertaba, sin ninguna duda, mucho interés entre los aficionados y prometía ser una primera figura del cante flamenco. Tampoco faltaban quienes restaban importancia al fenómeno y aseguraban, ya sea por envidia o pundonor, que como aquel gitanillo se criaban doscientos en Jerez.

Es muy vago todo lo que recuerdo de entonces porque se confunden los momentos vividos y las fechas en una amalgama de datos imprecisos, cuando no borrosos. En esa época, Camarón tenía ya mucha presencia en los ambientes del oficio, y aquel prestigio precozmente ganado hacía, claro está, que estuviese rodeado de mucha gente que aparentaba demostrarle fidelidad, aunque no siempre fuese verdadera.

A su alrededor había de todo: admiradores y aficionados, amigos, magines, aduladores y otros individuos menos aconsejables que contribuían en mayor o menor grado a arrastrarlo hacia ese submundo en el que finalmente cayó sin darse demasiada cuenta del peligro, puesto que aún era muy joven. Pude observar que a Camarón le rodeaba un mundillo lleno de peligros y que él intuía en parte la degradación de aquel ambiente, pero también es cierto que aquello formaba parte de su vida y difícilmente hubiera podido sustraerse a la tentación de vivir de esa manera. En aquellos esporádicos encuentros que teníamos (sólo se limitaba a recibirme después de cantar y desaparecía, evasivo y tímido, a sus inexpugnables fortalezas de humo), me di cuenta de que reclamaba la ayuda de alguien porque en su cortesía habitual, a veces distante, solía repetirme: «Algún día iré a Barcelona y me pondré en tus manos». Estaba claro que intentaba salir de aquel infierno y que debía de sufrir ya sus contradicciones, como era claro que buscaba el amparo de alguien, pero su carácter tímido y solitario eran un verdadero obstáculo. Supongo que en mí vería a la persona más idónea, por mi profesión y también porque yo le otorgaba toda mi confianza. Pero todavía en aquel tiempo se mostraba cordialmente esquivo y no había superado conmigo algo que debió de marcarle para toda su vida, me refiero a su introversión y a su timidez; en buena parte, ese carácter agitado por el entorno y su condición de artista mimado, lo llevaría a aquel estado de autopunición y de pérdida de la autoestima del que no conseguiría salir, y que seguramente constituyen elementos primordiales en la complejidad de su rotura íntima o sentimental.

Durante todo ese tiempo que he intentado rememorar me fui ganando, aunque muy lentamente, su amistad y su confianza. Eso duró algunos años, alrededor de seis o siete, hasta que en un festival de la Parpuja pude establecer contacto con Rancapino, amigo entrañable de Camarón desde la infancia, y conseguí organizar una actuación de esos cantaores en la sala Zeleste. Teníamos intención de reunir o de reconciliar en una actuación a Camarón y a Paco de Lucía, aunque finalmente el proyecto no pudo llevarse a término. Fue en el año setenta y nueve o en el ochenta, creo, y aquella noche inolvidable oímos un reducido grupo de gente cantar a José y a Rancapino acompañados por Tomatito. Aquello tuvo para mí mucha importancia porque se consolidó nuestra amistad, fue un paso decisivo, ya que durmieron en mi casa y desde entonces si lo veía en los festivales, nuestra relación era mucho más íntima. Sus promesas de salir de sus dependencias eran más insistentes y se daba cuenta de su necesidad. Más tarde me pidió ayuda para resolver un problema de salud de su mujer; recuerdo que era algo sin importancia, pero para él debió de ser un favor muy grande porque desde entonces me regaló lo que yo anhelaba desde hacía años: su amistad. Sí, a partir de entonces fuimos cada vez más amigos, y me requería para buscar una solución definitiva a su problema. Quería dejar la droga y buscaba salidas desesperadas. Al principio confié en que lo conseguiría, pero después me di cuenta de que su capacidad volitiva estaba bastante mermada por tantos años de dependencia. Eso le hacía sufrir muchísimo, y yo me sentía impotente para conseguir lo que hubiera sido sin duda el más grande de sus éxitos.

Entrar hasta donde era posible en la humanidad de Camarón fue para mí una experiencia interesantísima y a la vez cautivadora. Era una persona con una inteligencia intuitiva extraordinaria, muy sensible y al mismo tiempo muy enigmático, nada práctico para luchar en la vida y con tendencias lúdicas tan elementales como maravillosas. Eso explica en buena parte su desastrosa carrera comercial, es decir, su renuncia a ganar dinero a cambio de tener que asumir un rol social que no le atraía o que suponía un distanciamiento de sus costumbres y de sus gentes. Nos hicimos muy amigos y me reveló secretos que quizá no contó nunca a nadie.

Entonces empecé a descubrir que detrás del personaje artista, del mito de aquel mundo musical, se movía penosamente sobre una superficie cenagosa aquel hombre inocente de carne y hueso, aquel ser indefenso que sufría y quería vivir de otra manera. Era desesperante; sus enormes fuerzas y las mías no consiguieron mucho más que esporádicas salidas y, al cabo de un poco tiempo, nuevas recaídas en lo mismo. Yo no fui perdiendo del todo la ilusión de poder alcanzar mi objetivo: restablecer el equilibrio de sus emociones, darle una seguridad interior y el sentido de la utilidad social que él necesitaba.

Si trato de explorar su personalidad, José se me aparece como un ser encantador y de una gran complejidad muy singular y creativa. Es difícil, cuando no imposible, descubrir y precisar cuáles serían las causas y los determinantes últimos de su desventura, saber si fueron factores ambientales o endógenos los que operaron dentro de su yo y actuaron como fuerzas dinamizadoras de sus impulsos autodestructivos. Ahora bien, una inteligencia y una sensibilidad muy acentuadas, así como la complejidad de circunstancias lúdicas en que su persona se vio inmersa desde los años en que empezó a ser conocido dentro del ámbito de lo flamenco, y su carácter retraído y de tendencias místicas, fueron factores más que suficientes para que los primeros desengaños o los primeros golpes de la vida le dañaran interiormente.

Quizá eso le provocó un conflicto de valores de consecuencias imprevisibles para él mismo. Tengo la impresión de que Camarón descubrió muy pronto la farsa y la mentira del mundo, y ello le hizo desconfiar cuando no huir de muchos individuos que se le acercaban. ¿Por qué siendo tan receloso iría abriéndose, aunque con refinada y exquisita prudencia, cada día más a mí, hasta demostrarme que era mi amigo en ese gesto de confiarme prácticamente su destino o lo que fuera de su enfermedad?

Eso es algo que he analizado y tiene una doble lectura; por un lado, veía en mí al sujeto que encarna la domesticidad y que él seguramente deseó ser en los momentos de crisis y que nunca consiguió alcanzar, y por otro, creo que yo estaba en situación de resolver determinados problemas reales o potenciales de su salud o la de sus más allegados.

Cuando muchos le habían engañado o defraudado, creyó hallar en mí al amigo que había echado a faltar en los momentos peores de sus dependencias. Que nadie crea que comercio con los sentimientos; esto no puede ser de otra manera: confieso sinceramente que José supo darse cuenta y apreciar el desinterés y la sinceridad con que yo intentaba ayudarle en todo lo que estuviera a mi alcance. Pero lo más terrible, sin duda, es que José ya no era dueño de su propia voluntad, aunque sí consciente de sus desviaciones. Tal vez por eso me compensó con su gratitud, algo que no olvidaré jamás. No me importa que en la etapa más dolorosa de su vida me escogiera a mí para cuidarle y atenderle, es decir, que me necesitara cerca de él. Eso me habrá hecho sufrir lo indecible, pero también me honra y me satisface por el vínculo de fidelidad que se estableció entre nosotros. Entre él y yo. He sido, o mejor, fui entonces (si se me permite la imagen) el tajamar de su naufragio.

A partir del Festival de Jazz de Montreux, en el que Camarón despertó un enorme interés entre los grandes músicos de esa especialidad, lo cual suponía un posible relanzamiento a nivel internacional, comenzó a sentir ciertas molestias físicas y aparecieron síntomas alarmantes. Se hicieron las primeras exploraciones clínicas que acabarían diagnosticando una enfermedad incurable y de pronóstico desalentador. El 19 de marzo —un irónico día de San José: su santo y el mío— recibimos la noticia de cuál era la enfermedad que padecía y del tiempo aproximado que le quedaba de vida. Todo adquirió una trayectoria verdaderamente maldita.

Aunque sabíamos que nada se podía hacer, la decisión de acudir a la clínica Mayo correspondía a su familia y tenía su lógica tanto en el contexto de la gravedad como en los comportamientos de quienes no conocen científicamente la seriedad de esas patologías. He pensado a menudo en lo que supondría para José estar hospitalizado en aquel centro y tener que pasar varias semanas en una ciudad extraña y lejana, tan distinta en todo a la que le vio nacer, una ciudad con luces y colores que no eran los suyos, y con calles y edificios que se levantaban bajo unos cielos más fríos. Esos días debieron de ser terriblemente tristes para él, ya que al sentimiento de la aflicción que le producía el padecimiento de una enfermedad todavía no revelada, se unía aquella sensación de exilio forzoso. Para distraernos, alternábamos las horas de las visitas a los médicos con paseos para conocer la ciudad, y solíamos ir de compras, nos hacíamos regalos mutuos y así construíamos pequeñas ilusiones que pronto se desvanecerían. Los días en que se encontraba un poco más animado, su mujer, su sobrina y yo participábamos de esos momentos y en algún instante surgían las sonrisas de una felicidad que nos resultaba cínica y engañosa. Él sospechaba ya que su enfermedad no era nada bueno, pero a esa conclusión llegaría después, cuando me requirió en privado y me pidió en clave la verdad que necesitaba para despejar aquella insidiosa tortura de la duda o la ambigüedad contenida en términos desconocidos para él. Aparecían los rechazos a toda intervención clínica, se desmoralizaba y caía en el pesimismo al ver que la esperanza, o cualquier otra cosa, no le socorría. Su silencio era aún más hondo, y en los espejos de los escaparates de aquellas tiendas de ropa y de regalos, un curioso emporio de la salud de los desahuciados de todo el mundo, una villa financiera de enfermos ricos, Camarón descubría en su propia mirada la amenaza.

No creo, sin embargo, que José acabara hundiéndose en la desesperación más absoluta; yo creo que tenía ganas de vivir, que se había dado cuenta del valor de la vida, y entreveía alguna luz de salvación brillando en la oscuridad o en la incertidumbre que le envolvió durante aquellas semanas en Rochester. Sé que había en su vida fechas dolorosas, como la de la muerte de su madre en febrero del ochenta y seis, o antes la de su padre, o la de dos de sus hermanos, fechas luctuosas de las que él jamás hacía comentarios pero que a veces asomaban en su mirada, en aquellos ojos llenos de intriga como dos pequeños lagos llenos de desamparo y de melancolía. Sé también que tuvo sueños bellísimos, y amó muñecas desvalidas y vivió lejos de juguetes rotos, y sé hasta dónde esas ilusiones pisoteadas contribuyeron en su proceso de autodestrucción. (Ahora se puede entender mejor al poeta Félix Grande, cuando nos dice que escuchar a Camarón es saber que el desamparo es nuestra herencia.)

¿Cómo fueron los últimos meses, o los últimos días...? Creo que tomó conciencia clara de lo que suponía estar gravemente enfermo. Asomaban intermitentemente los cambios psicológicos más específicos de ese estado, y algunos sentimientos, como el miedo o la amenaza. (Hay que hacer algo contra el miedo cuando se apodera de nosotros, decía el autor de los cuadernos de Malte). Como lo es la soledad (esa que no conseguimos llenar con nada, ni siquiera en la compañía de quienes más nos aman) o acaso el notar nuestra propia limitación física, algunos sentimientos se hacían cada vez más hondos y cada vez más presentes en su manera de vivir. Mientras José iba entrando en aquel túnel de su existencia, se aferraba todavía más y más a la vida, a aquella vida que se le aparecía como algo imposible que estaba delante o detrás de sus pasos. Quería volver a cantar y pedía fuerzas para recuperar la salud. Pero eso nunca lo pedía con palabras, sino con un silencio muy triste que yo entendía. En ese estado de depresión con breves y fugaces momentos de esperanza que asomaban en forma de dulce sonrisa a sus labios —una sonrisa casi de niño, o de padre de sus niños— fue acercándose hasta el final. No molestaba a nadie; siempre había sido reservado, introvertido y silencioso, y eso se acentuó más. El jueves 2 de julio, cuando falleció en la madrugada, sólo pudo exclamar aquellas palabras tiernas y llenas de desamparo: «Omaita mía, qué es lo que me pasa a mí.» Pero el día antes debió de presentir su final, porque siempre recordaré su último deseo: «... Acuérdate de mis hijos. No les va a faltar de nada porque tienen mucha familia. Acuérdate de mi Luis, que es muy inteligente y contigo hace muy buenas migas».

Nosotros, cuando la enfermedad quería ensañarse con él, hablábamos en voz baja y pedíamos que la muerte no fuese demasiado cruel, demasiado larga y extenuante, sino tranquilizadora, sosegada, piadosa con su cuerpo y con su alma. Así lo pedíamos todos los que le queríamos y le hacíamos compañía en aquellas difíciles semanas. De haberse prolongado más el proceso, no hubiera hecho más que alargar la agonía y hubiera acentuado más la imagen de la muerte en sí mismo. Nos parecía que una evolución rápida evitaría el sufrimiento inútil, innecesario y cruel en que podría entrar la enfermedad en su fase terminal; y así ocurrió.

Quizás haya sido necesario relatar esta crónica de su vida, o mejor, de la experiencia vital ante su propia muerte, para contribuir a hacer una idea amplia y más profunda de su persona, al mismo tiempo que aportar ciertos rasgos para una futura definición del mito o, si se prefiere, del personaje literario. Algo que alguna vez me gustaría abordar en profundidad, porque estoy seguro de que su mundo interior era complejo y tenía contenidos estéticos inagotables. Más aún que una aportación, el legado de la cultura gitano-flamenca, sería una manera de buscarlo, de reencuentro con él, un modo de revivirlo y de tenerlo entre nosotros.

No obstante, ese espacio deliciosamente reservado a los recuerdos, ese mirador desde el cual me asomo ahora a mi memoria, es o intenta ser algo indefinible: como un jardín cerrado y sombrío por donde en ocasiones se pasea la figura de una mujer vestida de luto. Hay cruces, y tumbas, y coronas de millares de flores, y trinos de pájaros misteriosos de un fondo de hospital... Pienso si habrá sido todo un sueño... Quisiera no volver a escribir nada sobre esto, enterrar en mi conciencia estos recuerdos que todavía me asaltan y me hacen llorar.

JOSÉ Y SEBASTIÁN CANDADO*

* Este texto apareció publicado en el libro *A Camarón,* (VVAA) Ediciones Alfar, Sevilla, 1992.

CRONOLOGÍA

1950 José Monje Cruz *Camarón de La Isla* nace el 5 de diciembre en San Fernando (Cádiz) hijo de Juan Luis Monge y de Juana Cruz Castro.

1958 Canta de forma esporádica en la Venta de Vargas de San Fernando y conoce a los grandes cantaores del flamenco del momento. Hace amistad con Alonso Núñez, *Rancapino*.

1962 Conoce a Manolo Caracol en la Venta de Vargas.

1963 Va a la Feria de Abril acompañado por Paco Betordo y Rancapino y canta, entre otros lugares, en la caseta de la Venta de Vargas. Conoce a Antonio Mairena, Juan Talega y Lola Flores. Fallece su padre con cincuenta y dos años.

1964 Interviene en la película de Rovira Beleta, *El amor brujo*, que protagoniza Antonio Gades. En los créditos figura como Camarón.

1965 Inicia su carrera profesional en Málaga. Actúa en el Tamboril y sobre todo en el cuadro de Miguel de los Reyes en La Taberna de Málaga. Conoce a Antonio *El Chaqueta*.

1966 Mairena del Alcor. Primer premio de segundo grupo del IV Festival de Cante Jondo, cantes festeros (alegrías, bulerías, soleares). Participa en la primera Caracolá en Lebrija organizada en memoria de Juaniquí, donde comparte cartel con El Lebrijano, El Perrate, Manolito de María, Curro Malena y El Turronero, entre otros.

1967 Marcha a Madrid y trabaja en la compañía de Miguel de los Reyes en Xairo.

1968 Entra en el cuadro titular del tablao Torres Bermejas, de Madrid.

1969 Firma su primer contrato profesional en Torres Bermejas. Graba su primer registro en los estudios Regson de Madrid con Antonio Arenas, *Flamencos. Grupo Flamenco de Antonio Arenas*. Viaja a Venezuela con la compañía de Arenas.

1969 Publica su primer LP, *Al verte las flores lloran*. Gira organizada por los empresarios Lippmann and Rau en la que participa Camarón junto a El Lebrijano, Paco Cepero, Paco de Lucía, María Vargas, Orillo, etcétera. Se graba una actuación en directo en Alemania que aparece en disco en España en 1981 con el título *Gran Festival Flamenco*. Disco de Sabicas, *La historia del flamenco* donde graban Camarón, Sordera, Juan Cantero y Antonio El Rubio, entre otros.

1970 Segunda entrega del disco grabado con Antonio Arenas. *Flamenco. Grupo folclórico Antonio Arenas*. Gira con la compañía de Juanito Valderrama con el espectáculo «Fantasía Flamenca», junto a la Niña de la Puebla, la Niña de Antequera, Juan Habichuela, Dolores Abril, etcétera.

1971 Edita los LP *Cada vez que nos miramos* y *Son tus ojos dos estrellas*. Placa de plata en el IX Festival de Cante Jondo Antonio Mairena.

1972 Aparece el álbum *Canastera*. Ramón Fernández Alvarez rueda la película *Casa Flora* protagonizada por Lola Flores y en la que interviene Camarón, que interpreta «Sere... serenito» tema que alcanzó mucho éxito por aquella época. Cierra el programa 36 de Rito y Geografía del Cante, interviene de nuevo en el programa ese mismo año. Últimas actuaciones en Torres Bermejas. Inicia su carrera independiente.

1973 Rito y Geografía del Cante le dedica un programa. Sale al mercado su disco *Caminito de Totana* y el single «Sere... serenito». Interviene en el programa de televisión La gran ocasión acompañado de Paco de Lucía. Muere Manolo Caracol.

1974 Nuevo LP: *Soy caminante*. Publica dos singles de villancicos navideños: *A Belén pastores* y *La Virgen María*. Premio Nacional de Cante otorgado por la Cátedra de Flamencología. Actuaciones: Primer Festival de cante Flamenco, en la plaza de toros de Vista Alegre, en Madrid; XII Festival de Cante Jondo Antonio Mairena, entre otras. Antonio Mairena se despide del cante profesional. Muere el cantaor Aurelio Sellés, maestro de la escuela gaditana.

1975 Nuevo LP: *Arte y majestad*. Las bulerías que dan nombre al disco están dedicadas a Curro Romero. Interviene en el programa de televisión Flamenco presentado por Fernando Quiñones. Actúa, entre otros lugares, en la plaza de toros Monumental de Madrid; III Noche Flamenca en Cádiz, homenaje a Aurelio Sellés. Mueren Antonia Gilabert Vargas, La Perla de Cádiz y Juan Vargas Gómez.

1976 Matrimonio con Dolores Montoya, apadrinados por su hermano Manuel y Manuela Carrasco. Aparece su nuevo LP *Rosamaría*. Festivales, entre otros: IV Festival Rincón del Cante en Homenaje a La Perrata, acompañado por primera vez a la guitarra por José Fernández Torres, Tomatito Participa en «Gitano» espectáculo celebrado en la Monumental de Madrid donde le acompañan artistas como Pansequito, el Lebrijano y Manuela Vargas. Festival de la Unión.

1977 Nuevo LP: *Castillo de Arena*. Actúa de forma anecdótica en Torres Bermejas durante quince días.

1978 Recibe en Elche el Zapato de Oro.

1979 Aparece *La leyenda del tiempo*, críticas de los sectores conservadores del flamenco y fracaso comercial. Nace su hijo Luis.

1980 Interviene en el programa «Ayer y hoy del flamenco». Presenta Fernando Quiñones, Madrid, Frontón. Mano a mano Enrique Morente y Camarón de La Isla. Caché de un millón.

1981 Nuevo disco *Como el agua*. Aparece el disco grabado en 1969, *Gran festival flamenco*. Participa en *Bodas de Sangre* de Carlos Saura. Actúa en las fiestas de San Isidro en el Palacio de los Deportes de Madrid con Enrique Morente, José Menese, Lole y Manuel, Fosforito, Carmen Linares, Manuela Carrasco y Manuel Soler, entre otros. Nace su hija Gemma.

1982 Barcelona, Festival de Flamenco de Barcelona organizado por La Caixa de Pensions. Cantó acompañado por Tomatito. Diversas actuaciones en el teatro Municipal de Verano José María Pemán, Festival de la Unión acompañado por Tomatito y X Noche Flamenca de Cádiz, junto a Lola Flores, Beni de Cádiz, El Güito, Juan Villar, Chano Lobato, etcétera.

1983 Aparece el LP de Camarón *Calle Real*. Ceuta. XII Festival Flamenco. Nace su hija Rocío.

1984 Nuevo LP de Camarón: *Viviré*. Éxito comercial que supera las 30.000 copias. Actúa en el festival de verano Grec de Barcelona y en la peña El Taranto, de Almería, entre otros eventos. Muere su hermano Juan Luis.

1985 Cita en el Palacio de los Deportes de Madrid para San Isidro ante 15.000 personas acompañado por El Lebrijano, José Merce, María Vargas, Angelita Vargas y María la Burra. Recibe el II Trofeo Lucas López.

1986 Nuevo LP: *Te lo dice Camarón*. Firma un contrato por ese disco y dos más por once millones de pesetas. Interviene en el programa de televisión *Fin de Siglo*. Actuaciones —entre otras— Puente Genil, XX Aniversario Festival Flamenco «Fosforito canta a su pueblo», XII Cata Flamenca de Montilla, con Fosforito, Camarón y Chano Lobato. Herido grave en un accidente de tráfico. Muere su madre Juana Cruz Castro.

1987 Nuevo disco: *Flamenco vivo*, recopilaciones antiguas grabadas en directo por Ricardo Pachón. Participa en el primer disco de Tomatito. Actúa en el Cirque d'Hiver, París, primer precedente de su ulterior consagración en Francia. *Liberation* se hace eco y le dedica su portada; la prensa francesa recoge el hecho y se refiere a él como el Joe Cocker de San Fernando o el Mick Jagger flamenco. Caché de un millón y medio por gala. Actuaciones, entre otras: Festival de Flamenco de Barcelona, Fiestas de San Isidro en el Palacio de los Deportes de Madrid, Palacio de los Deportes de Barcelona.

1988 Actuación en París en del festival de folclore español que organiza la asociación Pomelo. Portada de diario francés *Liberation*. Participa en Barcelona en La Nit de las Olimpiadas en Barcelona junto a artistas como Freddie Mercury o Montserrat Caballé. Entrevistado en un programa emitido en directo desde la Venta de Vargas de San Fernando. Participa en una corrida de toros organizada por la asociación Tagore de Badajoz, donde interviene Curro Romero y la tradicional banda de música es sustituida por varios cantaores. Entre otras actuaciones: Segunda Cumbre Flamenca de Barcelona junto a El Cabrero y El Lebrijano. Bienal de Sevilla, Palacio de los Deportes de Madrid para las fiestas de San Isidro junto a Pata

Negra y Ketama. Pasa una noche en la cárcel en San Fernando por una disputa con un guardia municipal.

1989 Presenta su LP: *Soy gitano* en Cádiz, en el Teatro Andalucía. El disco aparece por primera vez en las listas de discos más vendidos. Otros eventos: Palacio de los Deportes de Madrid, Rock Club de Madrid, Festival de La Ciclo Ibercámera de Barcelona, Gran Rex, Festival de París, Pabellón de los Camps Elipsis de Lérida. Muere su hermano Francisco.

1990 Nuevo LP: *Autorretrato* (recopilación). Programa de TVE-1 *Pero... ¿esto qué es?* Condenado a un año por imprudencia temeria. Se suspende la sentencia. Contrato de doce millones de pesetas para grabar *Potro de rabia y miel*. Primer galardón comercial de su carrera: disco de oro tras vender 50.000 copias de *Soy gitano*. Invitado por la SGAE actúa en el Palladium de Nueva York con motivo del New Music Seminar. Otras actuaciones: Palacio de los Deportes de Madrid ante 10.000 espectadores; Mont-de-Marsan (Francia); Colegio Mayor San Juan Evangelista, Teatro Lope de Vega de Sevilla. Nace su hijo José.

1991 Carlos Saura inicia el rodaje de *Sevillanas*, para la que ha previsto que Camarón grabe cuatro temas. Participa en el Festival de Montreux, Suiza, en su XXV aniversario organizado por Quincy Jones; caché de tres millones de pesetas. Invitado al primer premio del Certamen Nacional de Cante Flamenco «Isla de San Fernando». Actuaciones, entre otras: Teatro Romano de Mérida, plaza de Toros de Oviedo, Teatro Andalucía de Cádiz, concierto-homenaje de Camarón a su hermano Manuel.

1992 Graba los cuatro cantes para la película de Saura, *Sevillanas*. Participa en un vídeo para le Expo'92. Graba «La voz del tiempo» para el disco de Tomatito *Barrio Negro*. Última aparición en televisión en el programa *Primero Izquierda*, presentado por Carlos Herrera. Canta en la plaza de toros de Nimes. 25 enero: última actuación en el Jazz Club del Colegio Mayor San Juan Evangelista de Madrid. 19 marzo: es internado en la clínica Quirón, aconsejado por un diagnóstico de gravedad. Le diagnostican «una fuerte neumonía complicada con una pericarditis». 8 abril: viaje a la clínica Mayo de Rochester. 2 mayo: alta clínica. Se confirma un cáncer de pulmón irreversible con metástasis crónica. 5 de mayo: regresa a España. 12

de mayo: se presenta *Potro de rabia y miel*. 2 julio: muere en el hospital Germans Tries i Pujol de Badalona. 4 de julio: Entierro en San Fernando, Cádiz, al que asisten unas 100.000 personas.

1993 Se edita el cedé *El Ángel*. Algunas de las grabaciones de Ricardo Pachón se utilizan en la serie televisiva del mismo nombre. Nombramiento póstumo de Camarón como Hijo Predilecto de su ciudad natal.

1994 Se publica *Camarón nuestro*, doble álbum que recoge una colección de cantes registrados durante los recitales que el cantaor ofreció, entre los años 1978 y 1979.

1999 Presentación de la obra integral de Camarón de La Isla. También se publica *Rarezas* y *París 1987* (Cirque d'Hiver) con temas inéditos. Homenaje en San Fernando.

2000 Aparece *Antología Inédita*. Disco de Oro en una semana que Curro Romero entrega a La Chispa. La Diputación de Cádiz pide la cuarta Llave de Oro del cante flamenco para Camarón.

2001 Chaves entrega en Cádiz a La Chispa la Llave de oro del Cante. Exposición dedicada a los cincuenta años de Camarón que visitan más de 20.000 personas.

2002 Décimo aniversario de su muerte.

DISCOGRAFÍA OFICIAL

1968 **FLAMENCOS. GRUPO FLAMENCO DE ANTONIO ARENAS.** DIM record DS-169.

Primera vez que Camarón pisa un estudio. Según el empresario, el disco se iba a editar sólo en Alemania para Miller International, aunque al final se editó en España. El joven artista, que aún no había cumplido los dieciocho años y que no vio un duro por la grabación, grabó cuatro piezas: dos «Bulerías gitanas», unas «Alegrías de Cádiz» y unas «Soleares flamencas». La falta de experiencia del artista en el estudio es tan evidente que en la bulería «Yo sentí un leñador» repite dos veces la misma letra.

1969 **SABICAS. LA HISTORIA DEL FLAMENCO.** RCA/Victor, Serie Noble LSP 19.000 N.

Disco concebido por el gran guitarrista Sabicas, que regresa de Estados Unidos y prepara este doble álbum. Sabicas había concebido este trabajo como una pequeña historia del cante flamenco. El guitarrista, que firmó todos los temas, eligió un grupo de cantaores entre los que estaba Camarón, que interpreta dos fandangos y dos bulerías. Fue la primera vez en treinta años que el maestro figuró en un disco de larga duración como acompañante.

* El año reseñado en la discografía es el de la publicación del disco. Los álbumes que no llevan título se hacen constar con nombre del primer tema. No se incluyen recopilaciones salvo las que contienen material inédito (grabaciones en directo, versiones nuevas o con otros arreglos, etcétera).

1969 **AL VERTE LAS FLORES LLORAN.** Philips-Phonogram 5865026.

Primer disco de larga duración acompañado por Paco de Lucía (aparecen los dos en la portada y en la contra). Las variantes de los estilos seleccionados le dan a la obra un carácter netamente gaditano. El disco contiene el que sería el primer éxito comercial de Camarón, los tangos extremeños «Detrás del tuyo se va», a los que el cantaor, en unas declaraciones, asegura no darles mucho valor. El trabajo llamó bastante la atención en los ambientes flamencos. Su productor, Antonio Sánchez Pecino, padre del guitarrista, decide incluir la coletilla «con la colaboración especial de...». La fórmula se repetirá en el futuro.

1970 **FLAMENCO. GRUPO FOLKLÓRICO ANTONIO ARENAS.** DIM record E-106.

Segunda entrega de la grabación realizada en 1968 y publicada por sorpresa en ese mismo año. Con un título casi idéntico al de la primero de esta miniserie, Camarón interpreta unas «Soleares del puerto» y unas «Bulerías de Cádiz». Los temas de estos dos discos se han reencarnado en diversos tipos de soporte a lo largo del tiempo.

1970 **CADA VEZ QUE NOS MIRAMOS.** Philips-Phonogram 6328004.

Este trabajo repite la fórmula del primer disco de Camarón con la colaboración especial de Paco de Lucía. La portada, igual que en la primera colaboración, es de Pérez de León. El álbum confirma lo que adelantaba *Al verte las flores lloran*, un cantaor con notable personalidad que sigue apostando por innovar y «rescatar» como sucede con los fandangos. Al disco se incorpora la guitarra de Ramón de Algeciras. Los temas están firmados por Antonio Sánchez Pecino y cinco de las letras por Fosforito.

1971 **SON TUS OJOS DOS ESTRELLAS.** Philips-Phonogram 6328021.

Tercero junto al guitarrista de Algeciras, confirma la línea de sus anteriores trabajos con la colaboración especial de Paco de Lucía y marca la que Camarón seguirá en el futuro. El cantaor se destaca en «Son tus ojos...» y en las bulerías, aunque también llama la atención la soleá apolá «El espejo en que te miras», que luego con el tiempo retomará Ketama y que es uno de los temas más interesantes del disco. El acompañamiento tiene un claro sabor gaditano en la línea de las dos grabaciones anteriores de Camarón y de Paco de Lucía.

1972 **CANASTERA.** Philips-Phonogram 6328076.

La personalidad de Camarón y su intención de hacer su voluntad hace que los sectores conservadores del cante se pongan en su contra. Y en este disco, el tema que le da título, será un motivo más para ello. «Canastera», un gran éxito, supone un intento de creación de un cante nuevo sobre el que hoy la polémica sigue abierta. Basado en un fandango de Huelva y con un estribillo que de alguna manera recuerda «Ojos verdes», la copla de Valverde, León y Quiroga, por lo que los mairenistas se mostraron escépticos desde el principio. El cantaor estaba muy orgulloso de este logro, a pesar de que, como casi siempre, no quedó contento de la grabación. Aunque Camarón y Paco de Lucía continúan trabajando juntos, de la portada del disco desaparece la coletilla «con la colaboración especial de». Otro paso adelante del de La Isla.

1973 **CAMINITO DE TOTANA.** Philips-Phonogram 6328100.

Caminito de Totana supone cambios significativos en la relación entre Camarón y su guitarrista. A pesar de que en la portada del disco se vuelve a repetir la fórmula (en caja más pequeña) de colaboración ya reseñada, el de Lucía ya no aparece en la foto. La imagen, tomada por Lamarca, fotógrafo que siguió durante mucho tiempo trabajando con el cantaor, nos muestra un look del de La Isla más de la época. En lo musical, lo más destacado es la canción que da titulo al disco y la confirmación de un estilo propio.

1973 **SERE... SERENITO** (single). Philips-Phonogram 6029174.

Tema popularizado por Camarón, que lo interpreta encima de una motocicleta —en realidad un trucaje— en la película *Casa Flora*; sus autores fueron Rafael de León y Juan Solano. La cara B de este single recoge los tangos «Detrás del tuyo se va», que aparecen en el primer larga duración del cantaor.

1974 **SOY CAMINANTE.** Philips-Phonogram 6328130.

La portada de este disco repite la foto realizada por Lamarca a Camarón, esta vez enmarcada en un círculo. Destacan aquí las bulerías y los tangos, aunque, en las soleares de Cádiz, Camarón y Paco de Lucía brillan de forma especial. Las falsetas que utiliza el guitarrista son la de su disco editado el año anterior *Fuente y caudal. Soy caminante* coincide en el mercado con el boom de Las Grecas y con la irrupción del pop en el flamenco, algo que Camarón —ya digerido y pasado por su filtro— aborda más adelante.

1974 **LA VIRGEN MARÍA** (single). Philips-Phonogram 6029258.

Primero de los dos singles de villancicos que Poligram edita ese año, que empieza a intentar rentabilizar de la mejor manera posible el nombre de Camarón, poco a poco cada vez más popular entre los aficionados.

1974 **A BELEN PASTORES** (single). Philips-Phonogram 6029259.

Segundo single de villancicos editado por la compañía con similar intención al anterior.

1975 **ARTE Y MAJESTAD**. Philips-Phonogram 6328166.

Quizá la obra más personal de Camarón en lo que respecta a la esencia de su forma de cantar: impostación de su voz, giros vocales, peculiares melismas, etcétera. El título del disco es el de las bulerías que el cantaor dedica en este caso a Curro Romero. Lo mejor de *Arte y Majestad* es que recoge nueve cantes distintos. Las falsetas de Paco de Lucía ya aparecen en su disco *Fuente y Caudal* y adelanta otras de su futura obra *Almoraima*.

1976 **ROSA MARÍA**. Philips-Phonogram 6328191.

El tema que da título al disco, unos tangos, fueron lo más comercial del disco y respondieron perfectamente a su objetivo. En el álbum conviven tarantos, fandangos, sevillanas —en las que se aprecia un bajo eléctrico y una flauta travesera— y la única bambera que Camarón tiene en su repertorio. El disco incluye una nueva versión de «Canastera». En la guitarra de Paco de Lucía —en el que colabora Ramón de Algeciras— interpreta falsetas de su trabajo *Almoraima*.

1977 **CASTILLO DE ARENA**. Philips-Phonogram 8383821.

Este primer trabajo de Camarón —recién casado— concluye su etapa de colaboración estable con Paco de Lucía. El disco sintetiza de alguna manera todas las aportaciones que hasta ese momento había realizado el cantaor de la Línea. Fandangos de Huelva, bulerías, tientos, siguiriyas, tarantos, soleares y fandangos naturales son los estilos que componen *Castillo de Arena,* además de una bulería, «Samara» que es la primera que firma —compartida con Sanchez Pecino— el cantaor. Un cambio de rumbo.

1979 **LA LEYENDA DEL TIEMPO.** Philips-Phonogram 8388322.

Además de ser un disco iconoclasta y grande en todos los sentidos, *La leyenda del tiempo* va más allá, marcando un punto de inflexión en el género. Trabajo criticado por los puristas y un notable fracaso comercial (solo 5.400 discos hasta la fecha de su muerte) innova en todos los sentidos sin dejar de sonar flamenco. Además de utilizar letras basadas en obras de artistas de gran calado literario como Lorca, Villalón y Omar Khayam—, la incorporación de teclados, bajo eléctrico, batería, arreglos más propios del rock y del jazz y las colaboraciones de compositores como Kiko Veneno (autor de la rumba salsera *Volando voy*), destaca la aparición del joven Tomatito, que asumió un cierto protagonismo en el disco estando a la altura en todas las circunstancias. El papel de Ricardo Pachón como productor y compositor es muy importante. De la hipnótica bulería que da título al disco a la estremecedora «Nana del caballo grande», donde Gualberto García pone unas notas de psicodelia con el sittar, «La leyenda del tiempo» es la obra de referencia de Camarón y del flamenco de las últimas décadas.

1981 **COMO EL AGUA.** Philips-Phonogram 8383832.

Después de dos años, este disco en el que Paco de Lucía vuelve a colaborar —esta vez sin fórmula— con Camarón y Tomatito, inaugura la década que consagra al cantaor de La Isla. A partir de «La leyenda...» la polémica protagonizada por los flamencólicos se desató en toda su extensión, aunque ello afectó poco al isleño. Las guitarras cobran un protagonismo y un virtuosismo innegables en este disco integrado por ocho piezas donde el sonido acústico vuelve —igual que antes— a predominar sobre el eléctrico del anterior. Todos los temas son grandes, aunque destacan de forma especial los tantos «Como el agua», las bulerías y los fandangos de Huelva.

1981 **GRAN FESTIVAL FLAMENCO.** Edigsa. 12L01015.

Curioso disco grabado en 1969 en Alemania, durante una gira organizada por los empresarios Lippman and Rau y que regresa del pasado para ser editado en España este año. Este larga duración recoge una actuación en directo de varios artistas además del propio Camarón en momentos álgidos —al menos en lo artístico— de sus carreras. Además del de La Isla también intervienen El Lebrijano, María Vargas, Paco de Lucía, Paco Cepero. Estupendos los fandangos de Camarón, por otra parte la única pieza en la que interviene en solitario y acompañado por Cepero.

1983 CALLE REAL. Philips-Phonogram 8144722.

Este nuevo disco en el que predominan las bulerías y los tangos, con variantes de tanguillos, no aporta grandes novedades respecto al anterior. Los coros toman un cierto protagonismo en temas como «Yo vivo enamorao», muy conocido y en un hermoso fandango con aires alosneros titulado «Calle Real» y que da nombre al disco. Destaca en el «Romance» el bajo de Carles Benavent y en «Esclavo de tus besos» el cajón de Rubén Dantas. Muy bien las bulerías que cierran el disco.

1984 VIVIRÉ. Philips-Phonogram 822.7192.

Producido a medias entre Ricardo Pachón y Paco de Lucía, que interviene con su sexteto a excepción de Ramón de Algeciras, *Viviré* es otro estupendo disco. Ahora en la portada la fotografía es sustituida por un dibujo de M. Moreno. El tema que da título al disco es una bulería acompañada por dos guitarras por Paco de Lucía y Tomatito. «Campanas del alba» con arreglos de Joan Albert Amargós, impresiona en boca de Camarón. «Nuestros sueños», otro tema de Antonio Humanes, pieza a medio camino entre el tanguillo y la rumba, es de una hermosura deslumbrante, y muy representativa del trabajo de este gran compositor. Éxito comercial respecto a sus trabajos anteriores, en su día vendió 30.989 ejemplares.

1986 TE LO DICE CAMARÓN. Philips-Phonogram 8268181.

Producido por Antonio Humanes, este disco se graba en uno de los peores momentos de Camarón. Problemas familiares e inconvenientes graves para un cantante como tener que ponerse en manos de un dentista —con los cambios en la fonación que ello puede suponer— influyeron negativamente en el disco. Los temas son todos de Humanes y del propio Camarón al cincuenta por ciento y, por encima de los pinchazos y otras cuestiones técnicas, la percusión con los nudillos en los temas donde no hay acompañamiento de guitarras le dan un sabor rancio que se agradece. La bulería que cierra el disco, «Los inmortales» se hizo muy popular; también destacan «Homenaje a Chaqueta», la bulería «Otra galaxia», las alegrías «Tu madre Rosa» —cuyas modulaciones adoptarán más adelante otros artistas— y finalmente la rumba «Te lo dice Camarón». Técnicamente no es un buen disco, pero el propio Humanes explica que está sin masterizar porque Camarón, debido a la muerte de su madre, tuvo que irse, conminando al productor a que el trabajo saliera como estaba.

1987 **FLAMENCO VIVO.** Philips-Phonogram 8327832.

Único disco de Camarón en directo que se editó en vida del cantaor. La recopilación fue hecha por el productor del disco, Ricardo Pachón, que con magnetófono en mano acompañó al isleño a un buen número de festivales. Lo mejor del disco —por tratarse de temas recogidos en directo como ya hemos dicho— es la frescura y la emoción de la que participa quien lo escucha. Algunas de las piezas (alegrías y fandangos) eran inéditas hasta ese momento.

1987 **ROSAS DEL AMOR.** Tomatito. Hispavox 5604021191.

Camarón participa generosamente en el primer disco de su tercer escudero con el tema «Rosas del amor».

1989 **SOY GITANO.** Philips-Phonogram 8420502.

Precedido por una promoción inaudita hasta ese momento en el caso del de La Isla, *Soy gitano* es un disco especial por muchas razones. Producido por Ricardo Pachón, quizá su coste fuera el más elevado de la historia del género, aunque buena parte de ese coste, tuviera que ver con la promoción y no con el hecho de que en él participara la sección de cuerda de la Royal Philarmonic Orchestra; o de que parte del mismo —la mayoría se hizo en Sevilla— se grabara en los estudios Abbey Road de Londres, donde grabaron los Beatles. Es un trabajo indudablemente flamenco que fue un éxito comercial y que lanzó definitivamente a Camarón al gran público. El tema que da título al disco, unos tangos arrumbados, se harían muy famosos; popularidad que hoy sigue vigente. Entre otros soportes literarios aparecen obras de Lorca y Miguel Hernández. También vale la pena citar el merengue de Juan Luis

Guerra «Amor de Conuco», donde Tomatito y Raimundo Amador acompañan a Camarón y a... ¡Ana Belén! El contraste de voces es, cuando menos, sorprendente. Otro disco para la historia.

1990 **AUTORRETRATO.** Philips-Phonogram 8467062.

Volumen recopilatorio que se edita rápidamente siguiendo la estela del éxito de su disco anterior. En la portada se reseñan algunas novedades en las versiones y en las mezclas pero no hay mucho de ello, salvo en el «Romance del Amargo», «La Tarara» y las incorporaciones de sonido electrónico de *Volando voy*.

1992 **POTRO DE RABIA Y MIEL.** Philips-Phonogram 8467062.

Último disco en vida de Camarón. Su paulatina enfermedad hizo que el trabajo costara Dios y ayuda concluirlo. La portada es un cuadro de Barceló, Los temas son de autores muy diversos y entre ellos están Antonio Humanes, Juan Antonio Salazar, Tomatito, Vicente Amigo, los hermanos Carmona y Paco de Lucía (productor del disco), su exmujer, Casilda Varela (que firma una letra), etc. Entre los diversos cantes del disco se encuentran tanguillos, bulerías, rumbas, tangos, etcétera. La pieza que da nombre al disco, que deja ver influencia de, entre otros, La Perla de Cádiz, es una joya.

1992 **SEVILLANAS.** BSO. Polydor 5135591

Carlos Saura rodó el mediometraje Sevillanas, para el que Camarón grabó cuatro piezas acompañado por Tomatito. Bajo la dirección musical de Manolo Sanlúcar, los temas del de La Isla son «Toma que toma», «Mi barrio», «Dame la mano» y «Pa qué me llamas prima», curioso tema con aires de bulería compuesto por José Miguel Evora e Isidro Sanlúcar, productor del trabajo.

1992 **BARRIO NEGRO,** Tomatito. 1992. Nuevos Medios (13588LE).

Camarón interviene en una colaboración especial en este disco de Tomatito —con Juan Carmona como segunda guitarra y Antonio Carmona a la percusión— con unos tangos con aires de rumba titulados «La voz del tiempo».

1993 **EL ÁNGEL.** Aspa/PAP/RTVE (CD) M 10398

Algunas de las grabaciones recogidas en directo en Andalucía, una década antes de su edición por Ricardo Pachón, fueron utilizadas para la serie televisiva del mismo nombre que el disco. *El Angel* recoge de estos temas unas bulerías de Camarón acompañado por Raimundo Amador y Moraíto.

1994 **CAMARÓN NUESTRO.** Philips-Polygram 5261872.

Más grabaciones —en este caso inéditas— en directo de Camarón acompañado por Tomatito recogidas por Ricardo Pachón, productor del disco en lugares como Bornos, Alcalá de Guadaira y Jerez. El disco hace posible comparar al de La Isla en directo —más espontáneo— con el de las grabaciones, donde suele perder frescura, así como las reacciones del público, siempre entregado. La mayor parte son cantes festeros. Lo mejor del disco las bulerías «Limón de cera».

1999 **INTEGRAL CAMARÓN DE LA ISLA.** Polygram 1454667722.

Edición de la obra completa de Camarón tres décadas (dieciocho volúmenes) después de su primer disco. Una obra ambiciosa que es casi completa —teniendo en cuenta lo editado después— y que incluye otro disco llamado *Rarezas* que, entre otras cosas, resucita temas dispersos en discos sencillos del cantaor como «Sere... serenito», villancicos muy difíciles de encontrar. Todo Camarón.

1999 **PARÍS 1987.** Universal 5466332.

Grabaciones inéditas en directo de Camarón en el Cirque d'Hiver de Paris, en 1987 acompañado por Tomatito. Cincuenta minutos de un concierto que hizo mucho por su posterior reconocimiento internacional. Además de ocho temas de indudable interés, el disco incluye un CD-Rom donde se puede ver al de La Isla paseando por las orillas del Sena y sobre el escenario interpretando «Como el agua» con Tomatito.

2000 **ANTOLOGÍA INÉDITA.** Universal 073145484342.

El activo trabajo de Ricardo Pachón siguió dando sus frutos en este disco que casi coincidió con el 50 aniversario de Camarón. Los temas del disco responden al recorrido del cantaor entre 1967 y 1990 e incluye descartes, fragmentos y sesiones de ensayos. Inédito, inédito, poco. Lo más interesante son los dieciocho minutos grabados durante la reunión de cabales que tuvo lugar en Sevilla en 1967 en casa de Eugenio Martín. Allí, un Camarón de dieciséis años contratado como guitarrista y cantaor. Soleás, fandangos, seguiriyas... Curiosa la versión de «La leyenda del tiempo» grabada en 1979 cuando el de La Isla actuó de telonero de Stanley Clark, Jeff Beck y Weather Reaport.

BIBLIOGRAFÍA

Aleu Zuazo, Salvador, *El Chato de La Isla, entre la vida y el cante*. Editorial Ispren, Cádiz, 1995.

—, *Flamencos de La Isla en el recuerdo*. Ispren, Cádiz, 1994.

Blas Vega y Manuel Ríos Ruiz, *Maestros del flamenco*. Editorial Planeta-Agostini, Barcelona, 1988.

Gamboa José Manuel y Núñez, Faustino, *Todo Camarón*. Ediciones Altaya, S.A., Barcelona, 2000.

Gamboa, José Manuel, *Guía libre del flamenco*. Fundación de Autor, Madrid, 2001.

Grande, Félix, *Memoria del flamenco*. Galaxia Gutemberg-Círculo de Lectores, Barcelona, 1995.

Grande, Félix y Zaafra, David, *Paco de Lucía y Camarón de La Isla*. Caja Madrid y Lunwerg Editores, Madrid, 1998.

Lopez Ruiz, Luis, *Ayer y hoy del cante flamenco*. Istmo, S.A., Madrid, 1997.

—, *Guía del flamenco*. Ediciones Istmo, S.A., Madrid, 1999.

Machado y Álvarez, Antonio, *Cantes flamencos*. DVD ediciones. Barcelona, 1998.

Montiel, Enrique, Camarón, *Vida y muerte del cante*. Ediciones B, Barcelona, 1993.

Peregil, Francisco, *El dolor de un príncipe*. El País-Aguilar, Madrid, 1993.

Sánchez Rodríguez, Andrés, *Se rompió el quejío*. Nuer Ediciones, Madrid 1998.

VVAA, *Camarón... cinco años después*. El Olivo, Jaén, 1997.

—, *A Camarón*. Ediciones Alfar, Sevilla, 1992.

ARTÍCULOS DE PRENSA

ABC

14 julio 1990. «La música española le hinca el diente a la Gran Manzana». Juan Vicente Boo.

5 diciembre 2000. «La viuda de Camarón recibirá hoy de manos de Manuel Chaves la Llave de Oro del Cante». Alberto García Reyes.

Barcelona y más

30 noviembre de 2000. «Camarón continúa vivo». Bernardo Gutiérrez.

Diario de Cádiz

27 noviembre 1989. «El nuevo "Camarón" presenta en Cádiz su último disco». Emilio López.

4 diciembre 1989. «Camarón: un homenaje a la imaginación artística». José Antonio Hernández Guerrero.

7 noviembre 2000. «Los artistas avalan a Camarón "porque se la mereció en vida"». Alberto Grimaldi.

12 noviembre 2000. «Piden que la Llave de Oro se conceda a cantaores en vida».

Diario 16

30 julio 1982. «Las casas de discos y la política están podridas». Juan José Téllez.

28 marzo 1988. «Camarón de La Isla entusiasmó a los franceses, que le calificaron como el "Mick Jagger" gitano». Pedro Calvo.

24 abril 1989. Camarón de La Isla, «Quejío y silencio». Lola Cintado.

El diario / La prensa
13 julio 1990. «Los nuevos sonidos de España». Alberto Minero.

El Europeo
Nº 33, junio 1991. «La historia empieza mañana», Camarón (Francisco Rivas) y «Una voz contra el tiempo» (Sebastián Candado y José Candado).

El Independiente
4 diciembre 1989. «Camarón de La Isla presentó en Cádiz su último y más polémico disco *Soy gitano*». Andrés Rodríguez.

El Mundo
11 diciembre 2000. «Unas 20.000 personas visitan la exposición de Camarón».

El País
24 mayo 1985. «El cantaor de flamenco afirma que su arte lo ha aprendido de los veteranos». Ángel Álvarez Caballero.
11 mayo 1986. «El niño que fue un dulce». Maite Contreras.
18 octubre 1986. «Camarón de La Isla, herido grave en accidente de tráfico». Inés Alba.
18 marzo 1989. «38 minutos de Camarón». Ángel Álvarez Caballero.
19 marzo 1989. «Camarón de La Isla: "Yo me transmito y a veces no sé dónde voy a llegar"». Nacho Sáenz de Tejada.
27 julio 1989. «Camarón de La Isla graba en Londres con una orquesta sinfónica». Nacho Sáenz de Tejada.
15 julio 1990. «Nueva York recibe a la música española con los brazos abiertos». Carlos Galilea.
9 julio 1991. «Elogios de la prensa suiza a la fiesta flamenca del festival de Montreux». Miquel Jurado.
2 agosto 1992. «La herencia de un príncipe». Nacho Sáenz de Tejada.

El Periódico
28 junio 1987. «Camarón dice que la bulería es lo más difícil y lo demuestra». Luis Angel Fernández Hermana.
6 diciembre 1987. «Una pelea a silletazos ahuyenta al duende de Camarón de La Isla». Luis Ángel Fernández Hermana.

26 marzo 1988. «Camarón se gana al público de París en sólo 40 minutos». Montse Capdevila.
30 agosto 1988. «Camarón amenaza con «"rajar" a un guardia y es encarcelado». Manuel Pedraz.
11 febrero 1989. «París acoge a las figuras del espectáculo musical español». Agencias.
13 octubre 1992. «Una polémica de 1.000 millones». Juan Soto Viñolo.
4 noviembre 1989. «Camarón de La Isla prepara su lanzamiento internacional». Manuel Pedraz.
4 diciembre 1989. «He abierto una etapa del flamenco». Jorge R. Gutiérrez.
10 marzo 1990. «Camarón de La Isla, condenado a un año de prisión por imprudencia temeraria». Manuel Pedraz.
28 junio 1990. «Almodóvar presenta en EEUU a Camarón, Ketama, Radio Futura y El Último de la Fila». Corresponsal.
3 julio 1990. «Camarón de La Isla, demandado por el Festival de Música de Granada». Jesús Luis Díaz.
8 julio 1991. «Montreux vive una noche con "duende"». Francesc Vila.
15 septiembre 1991. «Quincy Jones quiere convertirse en mecenas de Camarón de La Isla». Manuel Pedraz.
26 marzo 1992. «Camarón de La Isla lleva una semana ingresado en la clínica Quirón». Joan Ignasi Ortuño.
29 julio 1992. «La familia de Camarón hereda su obra». Juan Soto Viñolo.

El Mundo
15 julio 1990. Camarón, «El Último de la Fila y Ketama abren el encuentro de New Music Seminar». Lola González.
14 enero 1991. «Carlos Saura se arranca por sevillanas». Silvia Grijalba.

El Sol
14 julio 1990. «La conquista de Nueva York». Diego A. Manrique.

Diario de Extremadura
12 agosto 1991. «El mal estado de la voz de Camarón deslució su gala en el Teatro Romano de Mérida». Redacción.

Ideal
1 julio 1990. «El más puro sentimiento andaluz. Camarón de La Isla y Tomatito trajeron al festival "aires" de Andalucía».

Información
29 octubre 2000. «Diputación pide la cuarta Llave de Oro del cante flamenco para Camarón de La Isla». Juan Manuel Romero.
17 enero, 2001. «Inaugurada en la capital madrileña la exposición "Recuerdo a Camarón"».

Interviú
15 enero 1985. «Sé que soy algo grande». Pilar Eyre.

La caña
Nº 6, verano 1993. Camarón de La Isla. VVAA (monográfico).

La Nueva España
15 septiembre 1991. «Camarón entusiasmó al numeroso público que asistió a la plaza de toros». Javier Blanco.

La Razón
11 noviembre 2000. «La Fundación Machado, contraria a premiar a Camarón».

La Vanguardia
14 julio 1990. «El último de la Fila, Camarón, y Ketama, juntos en nueva York». Rafael Ramos.
7 julio 1992. «Camarón recibe presiones para que renuncie a un recital en Barcelona». Teresa Sesé.
11 abril 1992. «Camarón de La Isla hospitalizado en Nueva York, podría tener cáncer».
19 noviembre 2000. «La Llave de Oro de la discordia flamenca». Emilio Manzano.

La Verdad
6 septiembre 1990. «Tres mil personas se identificaron con "El Camarón de La Isla"».

6 septiembre 1990. «Policía local herido en una pelea».

Lecturas

26 abril 1996. «Ahora le tengo mucho miedo a la vida». Esperanza Navarrete.

Man

Noviembre 1989. «El Camarón de La Isla: Gran revulsivo del flamenco». Joaquín Albaicín.

Panorama

11 mayo 1992. «El quejío de Camarón». Consuelo Font.

San Fernando, información

5-11 de julio de 1993. «José Monge *Camarón*, Hijo Predilecto de San Fernando». Antonio Bouza.

Sevilla flamenca

Nº 79, julio-agosto 1992. «Entrevista al doctor Rafael Rosell Costa». Juan Toro.

Nº 79, julio-agosto 1992. «La muerte de un Dios». Sebastián Candado.

Show Press

Nº 185, septiembre 1990. «El undécimo New Music Seminar acogió una nutrida representación española». Jordi Rueda.

Tiempo

Nº 973, 25 diciembre 2000, «No han consultado a nadie para darle la Llave a Camarón».

AGRADECIMIENTOS

Nuestro más sincero agradecimiento a Dolores Montoya *La Chispa* y su familia; a Manuel Monge; a José Vargas Vargas *El Mono de Jerez*; a Antonio Humanes; a Jesús Ojeda; a José Rebujina y a la gente de la Venta de Vargas. A todas y cada una de las personas —ellas ya saben quiénes son— sin las cuales, por uno u otro motivo, este libro nunca habría podido ver la luz.